❹「スポーツビジネスとしての競馬がもたらす人馬のウェルビーイング」東京競馬場フィールドワーク
❺「法政馬広場for 相模原市立広田小学校6年生」児童とセレステアルスターとの交流
❻「人馬のウェルビーイングfor あいはら幼稚園」園児とヤマニンマンダリンの交流

❼ 「人馬のウェルビーイング for 法政大学付属校生」セレステアルスターと付属校生との触れ合い
❽ 「社会連携フィールドワーク」稲村選手とヤマニンマヒアによるデモンストレーション
❾ 「人馬のウェルビーイング for 大学職員」ラジュンジェレへの青草プレゼント

⑩「社会連携フィールドワーク」深野講師・小林選手・ラジュンジェレによるグラウンドワーク講義

⑪「産官学連携プログラム：日本のサラブレッド産業の現場を考察する」鳴海修司新冠町長と参加学生との交流

⑫「社会連携フィールドワーク」川崎競馬場での競走馬学習

⓭ 多摩キャンパスの学生がヤマニンマヒア（右）とラジュンジェレ（左）との人馬のウェルビーイング体験
⓮ マレーシアで学ぶ人馬の取り組み
⓯ 錦岡牧場の寄贈によりヤマニンプレシオサが法政大学へ入厩

⑯ 現代福祉学部生を迎えて触れ合い試行実施
⑰ 人馬のウェルビーイングによるヤマニンマンダリンとの触れ合い
⑱ 江戸東京野菜の収穫

⑲ マレーシアでの競馬・乗馬関係者との交流
⑳ 馬糞堆肥を利用した実験用畑に江戸東京野菜の種まき
㉑ 付属校の生徒を対象とした人馬のウェルビーイング学習会の事前講義

はじめに

　競走馬の競馬でのキャリアは、わずか数年です。多くの競走馬は数年間の短い輝きの後、静かにその舞台を去ります。そして、引退した競走馬たちは、スポットライトを浴びていた時代とは異なる、新たな挑戦と可能性に直面します。引退競走馬の現状は、多くの場合、不確かであり、繁殖や他の競技で成功を収める馬もいますが、すべての馬がそのような幸運に恵まれるわけではありません。多くの馬が適切なケア、再教育（リトレーニング）、あるいは安定した家を必要としています。彼らの未来は、私たち人間の手に委ねられているのです。

　本書では、こうした引退競走馬の現実と将来に光を当て、彼らに与えられるべき新たな役割と機会について探求します。競走馬がレースを離れた後にも、まだ語られていない多くのストーリーがあります。本書が、彼らの隠された可能性を発掘し、新しい物語を創り出す一助となることを願っています。

■ 引退競走馬のもつ力と可能性

　競走馬がレースを引退すると、多くの新たな道が彼らの前に開かれます。これらの道は、馬自身の特性や過去の経験、さらには彼らを取り巻く環境によって異なります。ここでは、引退した競走馬がもつ力と可能性について、いくつかの例を紹介します。

● 繁殖
　繁殖における引退競走馬の役割は、競馬業界において極めて重要です。

血統の優れた馬は、競馬の品質を高めるために重要な資源とされ、その遺伝的特性は、速さ、持久力、競馬に必要な精神的な特性など、競走馬としての重要な要素を次世代に伝えます。

繁殖に使用される馬は、競馬界での成功を基に選ばれるため、その子孫は競馬の高いレベルを維持するのに貢献します。このプロセスは、競馬の質の向上だけでなく、馬自体の健康や福祉にも影響を与え、よりよい生活環境を提供する選択肢となり得ます。

● パブリック・リレーションズ

特に名馬は競馬業界の顔として、PR活動やイベント、展示会で重要な役割を果たします。これらの活動を通じて、競馬の魅力を一般の人々に広めることができます。名馬の出演は、競馬の歴史や文化を知る機会を提供し、競馬業界への関心を刺激します。これらの馬は、競馬の知識を深めるだけでなく、競馬業界全体のイメージ向上にも貢献し、新たなファン層の獲得にも寄与します。

● 乗馬

引退した競走馬は、それまで構築してきた人間との関係性を活かして、乗馬の世界で新たなキャリアを築くことができます。特に、馬術競技の分野で再調教（リトレーニング）を受けた馬は、ジャンプやドレッサージュなどの競技において一定の能力を発揮します。これらの馬は、競技会での表彰台を目指すだけでなく、乗馬を学ぶ人々にとって重要なパートナーとなります。

馬と人との関係構築のプロセスは、相互理解と尊重を深め、乗馬を通じての教育において重要な役割を果たします。このように引退競走馬は、乗馬学校やクラブでの活動を通じて、多くの人々に喜びと学びの機会を提供します。

● セラピー馬

　馬を介したセラピーは、心理的、身体的、感情的な回復を支援する分野で重要な役割を果たします。引退競走馬はその特性を活かし、セラピープログラムにおいてさまざまな人々を支援することができます。これらの馬は、特に子どもや高齢者、心的外傷を経験した人々に対して、安心感や癒しを提供します。

　馬と人との関わりは、感情的な安定や自信の向上に寄与し、リラクゼーションやストレスの軽減にも役立ちます。馬の穏やかな性格と感受性は、セラピープログラムにおいて大きな力を発揮し、参加者に心の平穏をもたらします。

● 教育

　引退競走馬は教育の分野でも重要な役割を果たします。競走馬のケアや飼育に関するプログラムでは、引退競走馬が実践的な教材として活用されます。学校やコミュニティプログラムにおいて、引退競走馬との関わりは、動物愛護や馬に関する知識の普及に寄与します。特に若い世代に対して、責任感や思いやり、動物との適切な接し方を教えることができます。これらの馬との関わりは、自然や動物に対する理解を深め、教育的な視点から見ても非常に価値が高いといえます。

● レクリエーション

　引退した競走馬は、再調教（リトレーニング）を経ることで、個人の趣味としての乗用馬として新しい家庭で穏やかな生活を送ることがあります。これらの馬は、リラックスし、人間との親密な関係を楽しむことができます。レクリエーションとしての乗馬は、馬にとっても人間にとっても心地よい時間を提供し、ストレスの軽減や健康の維持に役立ちます。馬との時間は、日常生活からの脱却を提供し、心身のリフレッシュにつながります。

● コミュニティイベントと文化活動

　引退競走馬は、地域コミュニティのイベントや文化活動においても重要な役割を担います。地域のお祭りやパレード、文化イベントに参加することで、地域文化の伝統を継承し、住民や訪問者に馬との触れ合いの機会を提供します。これらのイベントにおける馬の存在は、地域コミュニティに活力をもたらし、訪問者に忘れがたい経験を提供します。馬は地域のアイデンティティを形成し、地域間の絆を強化する象徴的な存在となり得ます。

　これらの役割は、引退した競走馬がもつ多様な能力を活かし、社会や個人に対して新たな価値を提供することを示しています。引退競走馬はその生涯にわたって多くの可能性を秘めており、適切なケアと再調教（リトレーニング）によって、さまざまな分野で貢献することが可能です。

■ 本書の目的と構成

　本書の目的は、法政大学を中心に構築されてきた「人馬のウェルビーイング」という新たな概念が、引退競走馬の多様な可能性をどのように実現し、今後どのように発展していくかを探求することにあります。この概念は、人と馬が共に過ごすことで得られる精神的・身体的な健康と幸福を重視し、特に引退競走馬が果たす役割に焦点を当てています。引退後の競走馬が新たな環境で再生し、社会にどのように貢献できるのか、その具体例を示すことも本書の重要な目的の一つです。

　さらに、法政大学で実施されている具体的なプロジェクトや活動を通じて、「人馬のウェルビーイング」という概念がどのように構築され、今後どのように展開されていくのかを明らかにします。これにより、読者は単なる概念としてではなく、実際のフィールドでどのように応用されているかを理解し、将来的な発展の可能性についても深く考えることができるで

しょう。

　本書の構成は、「人馬のウェルビーイング」に関わるさまざまな立場からの原稿を集約した、次の3つの主要な部分に分かれています。

　第Ⅰ部では、『人馬のウェルビーイング』がいかにして構築されてきたかを、法政大学体育会馬術部の歴史、職業としての馬との関わり、そして現役部員の視点から論じています。

　次に、第Ⅱ部では、引退競走馬との触れ合いや『人馬のウェルビーイング』の広がりについて、法政大学で行われている引退競走馬を活用したホースセラピーやウェルビーイングに関するフィールドワーク、研究を紹介しています。これらの活動を通じて、引退競走馬がどのように新たな役割を担い、どのように社会に貢献しているのか、その具体的な影響が示されています。

　そして、第Ⅲ部では、『人馬のウェルビーイング』による馬事振興とまちづくりへの貢献について、馬事産業や地域社会にどのように寄与できるのかを、外国人材との共生や国際協力、まちづくりの視点から考察しています。ここでは、馬事振興と地域社会との連携が、持続可能なコミュニティの構築にどのように寄与しているのか、その取り組みと成果が詳細に論じられています。

　最後に、「人馬のウェルビーイング」の道筋を示した宮木康光総監督が、自身の馬と共に歩んだ人生を振り返ります。その歩みと洞察は、この概念がどのようにして形成され、実践されてきたかを理解する上で非常に貴重なものであり、読者に豊かな視点を提供することでしょう。

2024年12月

高見京太

人馬のウェルビーイング　CONTENTS

はじめに（高見京太）
 引退競走馬のもつ力と可能性　009
 本書の目的と構成　012

第Ⅰ部　『人馬のウェルビーイング』が どのように生まれたか　019

第1章　法政大学体育会馬術部の歴史と文化（柏村晋史）　020

 1　法政大学体育会馬術部の歩み　020
 2　当部の発展に貢献した人物　021
 3　体育会馬術部の人馬が織り成す文化　022
 4　新しい体育会を目指して　025
 5　今後の方向性　028

第2章　職業人生としての馬との関わり（荒川昌久）　031

 1　JRA職員として20年　031
 2　引退競走馬が馬術界へ与えるもの　036
 3　JRAが行っている引退競走馬支援　039
 4　最後に　041

第3章　大学スポーツとしての馬術の魅力（松本東馬）　042

 1　なぜ馬術部なのか　042
 2　大学スポーツとしての馬術の魅力　043

3　学業とスポーツの両立への挑戦　　　　　　　　　　　044
　　4　法政大学における引退競走馬との歩み　　　　　　　　045
　　5　法政大学での学び　　　　　　　　　　　　　　　　047

第Ⅱ部　引退競走馬との触れ合いと広がる
　　　　『人馬のウェルビーイング』　　　　　　　　　　　049

第4章　ホースセラピーと引退競走馬（深野　聡）　　　050

　　1　ホースセラピーとは何か？　　　　　　　　　　　　050
　　2　ホースセラピーと引退競走馬　　　　　　　　　　　057
　　3　ホースセラピーの今後　　　　　　　　　　　　　　065

第5章　引退競走馬の活用とウェルビーイング（渕上真帆）　074

　　1　引退競走馬を取り巻くストレス要因　　　　　　　　074
　　2　生き物がストレスを感じた時の反応　　　　　　　　077
　　3　生理学的指標によるストレス評価　　　　　　　　　078
　　4　馬の行動学とともに考える療養とリトレーニング　　079
　　5　引退競走馬とウェルビーイング　　　　　　　　　　081
　　6　日頃からできるウェルビーイングの評価法　　　　　086
　　7　引退競走馬のウェルビーイングとその課題　　　　　090
　　8　引退競走馬の活用とウェルビーイングのために　　　092

第6章　大学の教育プログラムとなった
　　　　人馬のウェルビーイング（高見京太）　　　　　　　　096

　1　課題解決型フィールドワーク for SDGs、社会連携フィールドワーク　098
　2　課題解決型フィールドワーク、社会連携講座（アドバンス）　106
　3　正課外の社会連携プログラム　　　　　　　　　　　　　111

第Ⅲ部　『人馬のウェルビーイング』による
　　　　　馬事振興とまちづくりへの貢献　　　　　　　115

　第7章　軽種馬産業における外国人材との共生（鈴木結楽）　116

　1　軽種馬産業の人材不足の現状　　　　　　　　　　　　116
　2　軽種馬産業分野における外国人材の活躍　　　　　　　119
　3　軽種馬産業の人材不足に対するアプローチ　　　　　　124

　第8章　循環型経済と馬糞活用（村上　昌）　　　　　　　127

　1　循環型経済とは　　　　　　　　　　　　　　　　　　127
　2　馬糞活用と江戸東京野菜づくりの取り組み　　　　　　128
　3　馬がつなぐ地域資源の活用　　　　　　　　　　　　　129

　第9章　アジアで出会った人馬のウェルビーイング（佐野竜平）　133

　1　なぜアジア？　　　　　　　　　　　　　　　　　　　133
　2　現地でのフィールド訪問へ　　　　　　　　　　　　　134
　3　RDAマレーシアによる障害者乗馬とまちづくり　　　　136
　4　ボランティアとして人馬に触れ合うマレーシアの人々　140

5　マレーシアで人と馬に関係する団体　　　　　　　　142
　　6　「人馬のウェルビーイング」によるアジア連携の展望　　143

第10章　大切にしたい人と馬によるまちづくり（岡﨑昌之）　148
　　1　人と馬と地域　　　　　　　　　　　　　　　　　148
　　2　地域の神事や祭りと馬　　　　　　　　　　　　　151
　　3　ドイツ、そして日本の農山村　　　　　　　　　　155
　　4　岩手県遠野市の馬とまちづくり　　　　　　　　　162

特別寄稿
人馬のウェルビーイングの理念に至る、
馬と歩んだ人生（宮木康光）　　　　　　　　　　　　172

おわりに（高見京太・佐野竜平・柏村晋史・深野　聡）　　180

松本主将とヤマニンマンダリンの障害飛越

第Ⅰ部 『人馬のウェルビーイング』がどのように生まれたか

第1章 法政大学体育会馬術部の歴史と文化

柏村 晋史

1 法政大学体育会馬術部の歩み

　法政大学体育会馬術部（以下、当部）は1922年に創部されました。本学体育会の中で7番目に創立された部活動であり、1923年には関東学生乗馬協会（現、関東学生馬術協会）の設立とともに加盟しました。大正末期から昭和初期にかけて、当部は関東学生馬術界において、勢いのある強力なチームとして知られていました。

　第二次世界大戦後、学生馬術が自馬競技※に移行する中で、当部はしばらく活動拠点を確保できず、民間の乗馬クラブや他大学の施設を借りて活動を続けることとなりました。1990年に、多摩キャンパスの城山校地に独自の馬場と厩舎を設置することができ、当時の総長・阿利莫二先生による馬場開きの記念乗馬が行われた記録も残っています。この拠点の確立は、当時の部長であり、経済学部長や名誉教授を歴任した山本弘文先生の多大な尽力によるもので、今日に至るまで当部の活動を支える基盤となっています。

　当部の馬場と厩舎は、神奈川県相模原市緑区に位置する多摩キャンパスの城山校地にあり、豊かな自然環境に恵まれた場所です。この環境は、馬にとってもリラックスできる理想的な環境であり、30年以上にわたり当

＊ **自馬競技**：自分で所有する馬で出場する競技である。

部の活動を支えてきました。

2 当部の発展に貢献した人物

　当部の歴史において、特に重要な役割を果たした二人の人物がいます。まず、故・五明公男先生です。五明先生は2000年に当部の部長に就任し、当部の再建に尽力されました。かつて東京六大学野球リーグ戦で通算6度の優勝を成し遂げた名監督として知られる五明先生は、「馬術を通じた人間形成」をモットーに掲げ、部員たちに「必勝の信念」「アスリートとしての誇りと自覚」「素晴らしい友を持つこと」を説き、挨拶や礼儀、整理整頓の重要性を徹底的に教えました。この指導方針は、当部の風土を大きく変え、多くの部員が社会人としての基盤を築く手助けとなりました。

　もう一人は、宮木康光現総監督です。宮木総監督は1966年に本学を卒業し、以降、OBや指導者として長く当部に関わってきました。彼は在学中に東京オリンピックを経験し、近代五種競技の馬匹*トレーニングにも従事したという貴重な経験をもっています。卒業後も一貫してアマチュア馬術家として活躍し、現在は当部総監督として、部員と馬たちを指導しています。宮木総監督は、馬術競技の技術と運営の両面で卓越した能力をもち、その知見を当部に惜しみなく還元しています。

　五明先生と宮木総監督は、実は法政大学第二高等学校および本学での同期生であり、共に当部の再興に力を尽くしました。この二人の存在が、現在の「法政大学体育会馬術部」の基盤を築いたといえます。

＊ **馬匹**：馬の種類や馬全体を表す総称である。「馬匹産業」として、馬を育成し活用する業務を指すこともある。馬匹はスポーツ、農業、娯楽、癒しなど幅広い分野で活躍しており、人々の生活に多様な貢献をしている。

3　体育会馬術部の人馬が織り成す文化

（1）指導陣とその役割

　2024年現在、法政大学体育会馬術部の指導陣は、高見京太部長（スポーツ健康学部教授）、柏村晋史監督、そして宮木康光総監督で構成されており、この体制は2012年から現在に至るまで続いています。さらに、学生時代に当部で活躍した4名のコーチが在籍し、部員たちを指導しています。押川二尚OBは地方競馬全国協会（以下、NAR）にて監事を務める競馬のプロとして、引退競走馬による馬術を部員たちへ的確に指導しています。北原衛OBは装蹄師*として当部馬匹の護蹄**を通じた健康管理を担いながら、部員たちへ馬術の基本指導を徹底しています。古平亜美OG（2001年全日本学生賞典障害馬術競技優勝「アードアフライ」）も優れた選手としての経験と知見を活かし、部員たちへ実践的な指導を行っています。そして、清水靖士OB（第74回全日本馬場馬術大会2022PartII【全日本内国産馬場馬術選手権】準優勝「サトノオマージュ」）は日本中央競馬会（以下、JRA）職員として馬術選手活動の傍ら、コーチとしても励んでいます。

　また、当部には3名のアドバイザーが在籍し、部の発展に貢献しています。小川きよ氏（日本馬術連盟　馬場本部副本部長）、荒川昌久OB（JRA職員）、そして、武内慶太OB（法政大学2022年度「自由を生き抜く実践知大賞　よき師よき友が選ぶ実践知賞」受賞者）です。さらに、深野聡顧問（現代福祉学部兼任講師）が、研究教育活動や部員たちへの指導を通じ

---

* 装蹄師：馬の蹄を保護し、健康を維持するために蹄の手入れを行い、蹄鉄を装着する専門職である。馬の健康に欠かせない役割であり、蹄の状況に合わせて技術を駆使するため、高い専門知識と技術が求められる職業である。
** 護蹄：馬の蹄を保護し、ケガや病気を防ぐための手入れやケアのことを指す。蹄は馬にとって靴の役割を果たすため、定期的な手入れが重要である。正しい護蹄は馬の長期的な健康維持に大きな影響を与える。

て、当部の活動を支えています。

（2）馬が繋ぐ絆

　法政大学体育会馬術部は、馬がいなければ成り立ちません。その大切なパートナーである馬たちは、北海道新冠町にあるサラブレッド生産育成牧場、錦岡牧場から寄贈されています。錦岡牧場は、1992年と1993年にGⅠ*安田記念を連覇し、1993年のGⅠ天皇賞（秋）を制覇した名馬ヤマニンゼファーを輩出したことで知られています。また、近年では2024年のGⅢ新潟大賞典を制したヤマニンサルバムや、無傷の5連勝で2024年GⅢプロキオンステークスを優勝したヤマニンウルスなど、数多くの活躍馬を生産育成している牧場です。

　錦岡牧場と法政大学体育会馬術部との提携は、先代代表である故・土井睦秋社長が本学の卒業生であり、馬術部のOBであったことが縁となっています。この関係は2011年に本学卒業生が錦岡牧場に就職したことを契機に、少しずつ深まりました。2013年には筆者が監督として錦岡牧場を訪問し、土井OBから馬や競馬に関するさまざまな知見を学ぶ機会を得ることができました。錦岡牧場の美しい環境と愛情を注がれて育った馬たちに触れ、牧場との絆がさらに深まることとなりました。

　土井OBからは、競馬や競走馬に対する深い愛情と情熱、経営理念、そして馬に対する真摯な姿勢を学び、監督としての責任を自覚しました。2015年には土井OBより、錦岡牧場で生産育成された引退競走馬が馬術部に寄贈されることとなり、この馬たちは、部への期待と信頼の証であると受け止めています。

　現在、ヤマニンエミュ（2009年生・鹿毛牝馬、父キングカメハメハ×母ヤマニンエリプス）やヤマニンリンクス（2009年生・青鹿毛セン馬、

＊GⅠ：競馬における最高ランクのレースで、優れた競走馬が集まるため注目度が高い。厳しい条件で競い合う場であり、競馬界で最も栄誉ある大会とされる。

父ロージズインメイ×母ヤマニンアリエル）などの馬たちが、錦岡牧場からの寄贈を受けて部の看板馬として活動しています。これらの馬たちは競技や練習において大いに活躍しており、土井OBからの多大な支援によって、現在の馬術部の基盤が築かれました。

　土井OBの後を継ぎ、現在は奥様の土井久美子代表が錦岡牧場を経営されています。土井代表からも毎年のように引退競走馬の寄贈を受けており、2022年には法政大学体育会馬術部創部100周年を記念して、廣瀬克哉総長から感謝状が贈られました。この温かい支援によって当部は充実した活動を続けることができており、部員たちが寄贈馬と共にリトレーニング／グラウンドワークに精一杯励み、その先の学生馬術競技へ思い切ってチャレンジする、というサイクルを構築することができています。

　最近では、ヤマニンマンダリン（2016年生・鹿毛牝馬、父シンボリクリスエス×母ヤマニンファビュル）が全日本学生賞典障害馬術競技の出場権を3年連続で獲得しています。また、ヤマニンパスティユ（2013年生・鹿毛牝馬、父スクリーンヒーロー×母ヤマニンジャルダン）は、関東学生MD障害馬術競技にて2年連続で上位入賞を果たし、全日本学生MD障害馬術競技へと進出しています。

　2024年には当部への期待と信頼から、JRAのレースにて獲得総賞金が共に約1億円という活躍馬のヤマニンマヒア（2016年生・鹿毛セン馬、父ディープインパクト×母ヤマニンカルフール）とヤマニンペダラーダ（2014年生・黒鹿毛セン馬、父ディープインパクト×母ヤマニンエマイユ）が寄贈されました。

　日頃より土井代表からは、「寄贈した馬たちを法政大学のみなさんが可愛がってくださっていることだけで、私たちは十分うれしいです」とのお言葉をいただいております。当部はこれらの馬たちと共に日々の活動を充実させ、錦岡牧場との提携関係を大切にしながら、さらなる発展を目指しています。

4 新しい体育会を目指して

(1) 活動目的と運営方針

　馬術部は、部則において、活動目的を以下のように規定しています。本学の建学の精神である「自由と進歩」をもって主体的、自主的、かつ創造的に行動し、馬術を通じて人間力の向上を目指すこと。アスリートとして法政大学体育会の発展に寄与すること。そして、馬を通じた研究教育および社会貢献に資することを目的としています。

　この活動目的を遂行するため、部員と指導陣は以下のモットーに基づいて運営を行っています。

1. 学業が大学生の本分であることを理解し、実践する。
2. キャリア形成の視点を持ち、本学での学びを進学や就職に結びつける。
3. 勝利至上主義に偏らず、総合的な馬の取り扱い技術を「人馬のウェルビーイング」において発揮する。
4. 引退競走馬を尊重し、愛情を持って接する。
5. 日々謙虚に学び続け、学業と馬術の技術向上を目指す。
6. 研究教育活動において仲間と連携し、リーダーシップを発揮する。
7. 部員同士が友情を持って連携し、部の発展に努める。
8. 当部のルールと秩序を遵守し、風土を向上させる。

　上記モットーのもとに運営している現在、当部の歴史と現況を分析すると、人馬および財政の状況は全国の大学馬術部と比べて最上位クラスではないことを自覚しています。その中で、競技面では「関東学生馬術大会」の障害馬術および馬場馬術競技において団体を組んで出場することは、さ

まざまな条件から難しい状況です。これは当部にとって近年に限ったことではなく、確固たるスタイルとして長年にわたって定着してきたものです。

　当部の歴史上でも大小の変化はありましたが、部員や指導者、馬匹規模は比較的小規模で、引退競走馬をリトレーニングして人馬が共に成長していくスタイルが根底にあり、それが軸となって当部の伝統となっています。そして現在、その伝統の上に錦岡牧場とのパートナーシップという幸せな提携関係を築くことができています。現指導陣のOB・OGも、学生時代はみんな引退競走馬をリトレーニングして楽しみながら学生馬術に挑戦していたため、良い循環が構築されていると感じています。

　本書のタイトルでもある『人馬のウェルビーイング』は、当部における新しい根幹となるテーマであり、今後もこのスタイルを大切にし、馬術経験の有無にかかわらず、引退競走馬のリトレーニングに魅力を感じる学生に、当部の門を叩いてもらいたいと強く願っています。

（2）人馬のウェルビーイングの成り立ち

　2012年の部長・監督の交代以降、本学体育会の規範である「スポーツ憲章」に基づき、体育会馬術部は、学内全体に貢献することが当部の使命であると強く自覚しました。これは宮木総監督の教えでもあり、単に馬術競技に専念するだけでは、これからの時代における学内での立場や社会的な価値が失われてしまうという危機感があったためです。大きな労力や施設を要する当部が存続するためには、学内の幅広い理解と支援を得ることが必要不可欠です。こうした背景から、「ウェルビーイング（健康で幸福な暮らし）」という概念が、当部の活動の指針として注目されました。

　この「ウェルビーイング」は、本学の多摩キャンパスに所在するスポーツ健康学部と現代福祉学部の理念・目的に合致しています。当部もこの方向性に沿って活動を展開するため、「引退競走馬を利活用した研究教育活

動」や「馬と福祉の連携」といった取り組みを「新しい体育会」として推進することを決意しました。そこで、「人馬一体」という言葉に由来し、「人馬のウェルビーイング」という造語を生み出しました。これは、人と馬が共に健康で幸福な暮らしを享受できる取り組みを、本学の研究教育活動として確立したいという強い思いに基づいています。

　具体的な変遷は、まだコロナ禍にあった2020年12月10日に「人馬のウェルビーイング」研究の構想を発案し、2022年10月には「人馬のウェルビーイング研究チーム」を発足させました。その後、2024年6月24日に「人馬のウェルビーイング研究所」が本学の大学院特定課題研究所として正式に設立され、新たな一歩を踏み出しました。

　この過程で、JRA馬事部・馬事公苑・サステナビリティ推進部、NAR、公益社団法人全国乗馬倶楽部振興協会、一般財団法人TAW、北海道新冠町、錦岡牧場、ダーレー・ジャパン株式会社など、多くの企業や行政から大きな支援を受けてきました。

　このように当部発祥の「人馬のウェルビーイング」は学内で概念として確立され、さらには当部を超えて研究所の設置に至るまで発展することができています。今後も当部は「人馬のウェルビーイング」において中核を成し、当部人馬が牽引していくことで、多角的な活動となるように取り組んでいきます。人馬のウェルビーイング研究所の詳細につきましては、法政大学Webサイトの以下のページをご覧ください。

「多摩キャンパス」
　↳「地域連携」
　　↳「人馬のウェルビーイング」
　　　　　↓
人馬のウェルビーイング研究所（大学院特定課題研究所）

（3）スポーツ活動と研究教育活動の両輪

　これまで述べたように、法政大学体育会馬術部は、競技会での勝利を目指すだけでなく、研究と教育を部活動の重要な要素として位置づけ、新しい体育会の形を追求しています。この考え方を要約し、SDGsとの関連も取り入れたリーフレットを、当部の活動内容を説明するツールとして使用しています。

5　今後の方向性

　法政大学体育会馬術部は、今後も「競馬」や「軽種馬」産業*との親和性を高め、優秀な人材の誘致、養成、輩出を目指していきます。

　授業での学習環境でいえば、JRA並びにNARからご協力をいただき、2021年以降毎年、競馬・引退競走馬を学習する正課授業を開講しています。これら授業は、学部の枠に縛られない全学共通教育プラットフォームの社会連携教育科目群で開講されているため、どの学部に所属していても履修可能な仕組みです。それに加えて、2024年にスタートさせた、「生産牧場・北海道新冠町役場・本学」の産官学連携により軽種馬産業をフィールドワークで学習する正課外プログラム「日本のサラブレッド産業の現場を考察する」の実施も、「競馬」や「軽種馬」産業の重要な学習コンテンツとなります。また、現代福祉学部では専門展開科目である「コミュニティスポーツ」が、馬の歴史や多岐にわたる活動事例について、実馬を用いて実践的に学ぶ授業として展開されています。

　当部においては、錦岡牧場から寄贈いただく引退競走馬たちと、JRA

---

*　**軽種馬（産業）**：競馬やスポーツに使われる、スピードを重視して育てられた馬である。代表的な品種はサラブレッドで、軽くて速く走ることができる体格が特徴である。競技馬としての魅力が高く、世界中で人気のある品種である。

法政大学体育会馬術部によるスポーツ活動と研究教育活動の両輪
「人馬のウェルビーイング」

- Ⓡ引退競走馬のリトレーニング：SDGs目標3,8,12
- Ⓒ循環型経済活動：SDGs目標2,10,11,12,13
- Ⓔ引退競走馬での学生馬術挑戦：SDGs目標3,8,12
- Ⓦ人馬のウェルビーイング活動：SDGs目標3,4,10,11

【スポーツ活動】
目標：関東学生馬術大会、関東学生馬術選手権大会、関東学生馬術女子選手権大会に参戦し、インカレ出場・入賞を目指す

E：引退競走馬での学生馬術挑戦 (Equestrian Sports)
- JRA が作成した「厩務の実務書」を学び、安全な学生馬術を実現する
- スポーツ健康学部との連携により、学生トレーナーが運動療法やコンディショニング指導を行い、馬術競技者に必要な体力を向上させる
- 体系立てた競技スケジュールを作成し、全員が意義と目的を共有した上で、学生馬術連盟主催の競技での勝利を目指す
- 競走馬の名前を大切にし、競技での活躍を通じて、引退競走馬が充実したセカンドキャリアを歩んでいることを学内外に発信する

【研究教育活動】
目標：学生の学習機会を確保し、同時に人馬双方にとって健康で幸福な暮らしを創出する

R：引退競走馬のリトレーニング (Retraining of Retired Racehorses)
- 北海道新冠町にある競走馬生産育成牧場の錦岡牧場と連携し、引退競走馬の寄贈を受け、指導陣の監修のもとで実践する
- JRA が提唱するリトレーニング技術を学び、それを引退競走馬に実践する
- JRA講師による講義とJRA ガイドブックを基に取り組み、グラウンドワークを中心とした訓練を行う

W：人馬のウェルビーイング活動 (Human and Equine Well-being Activities)
- 持続可能性が求められる引退競走馬を主に用い、「触れ合い」の体験機会を提供する
- 特に対象者へのメンタルヘルスケアに焦点を当て、人馬双方のウェルビーイングの実現を目指す
- NPO 法人日本障害者乗馬施設フューチャーバレーの監修のもと、「馬との触れ合い」を安全に実施する体制を確立する
- 『馬との触れ合い方標準化』に関する研究を進め、適正な方法・手順・安全性を学術的に確立し、展開を目指す

C：循環型経済活動 (Circular Economy and Upcycling)
- 馬糞堆肥のアップサイクルを研究し、ブランド化を目指す
- 農福連携を推進し、障害者の就労につなげる取り組みを行う
- 地域コミュニティとの交流・連携を通じて、人馬のウェルビーイングの輪を広げる

資料　「法政大学体育会馬術部の説明用リーフレット」

馬事部および馬事公苑よりレクチャーいただき、新しい伝統として根付いている「引退競走馬のリトレーニング／グラウンドワーク」の技術、そしてそれを支える指導陣の体制を、これまでの数年にわたって体系立てて整えることができました。

　全国の大学馬術部は、JRAから飼育助成金や支援金といった多額の助成を受けています。これらの資金は競馬興行の収益を原資として提供されており、「競馬」や「軽種馬」産業の努力と発展によって、大学馬術界は大きく支えられています。当部もその貴重な恩恵を受けており、さらに錦岡牧場との提携により引退競走馬の寄贈も受けています。当部は、資金と馬匹という活動の源を「競馬」や「軽種馬」産業からいただき、日々活動を展開することができています。

　以上の要素を論理的かつ魅力的に広報し、日本全国に潜在している「競馬」や「軽種馬」産業に興味をもつ高校生のもとへ届け、本学入学および当部入部への動機づけにつなげる取り組みを進めています。入部してきてくれた学生たちが、当部での活動と共に「競馬」や「軽種馬」産業を学習する授業を履修し、さまざまな角度で学びを深め、卒業後に1人でも多くの学生がこの産業界へ羽ばたいてくれることを目指して、「人馬のウェルビーイング」を推進していきます。

　これまで築いてきた伝統を大切にしながら、多様な人材が集う「法政大学体育会馬術部」として、新しい時代に向けた取り組みを進めていきます。

第2章 職業人生としての馬との関わり

荒川昌久

　法政大学在学中には馬術部で活動し、卒業後も日本中央競馬会で馬に関わる職業人生を歩んできました。学生時代から馬と真摯に向き合う中で、馬と人との間に生まれる深い絆や、その絆がもたらす大きな意味について、何度も考えさせられる経験をしてきました。

　日本中央競馬会（以下、JRA）での20年にわたるキャリアの中で、競走馬の管理や競馬運営の現場で培った多くの経験を通じて、馬と人が共に歩む「人馬のウェルビーイング」という考え方が、競馬界にとっても、さらには社会全体にとっても非常に重要であることを実感しています。これから、その「人馬のウェルビーイング」の価値について、私の経験を基に述べたいと思います。

1 JRA職員として20年

　2004年4月1日にJRAに入会し、まずは馬事公苑で3週間にわたる新人研修を受けました。同期と同部屋で寝食を共にしながら、ビジネスマナーや各部署の業務内容について学びましたが、特に印象深かったのは「乗馬訓練」です。研修期間中に7～8回の乗馬訓練があり、最終日には全員で部班運動*

---

* **部班運動**：複数の馬が一列に並び、隊列を組んで動く運動である。息を合わせた動きが求められるため、騎手同士や馬とのチームワークが重要である。馬術の基礎トレーニングとしても活用され、団体競技としての魅力がある。

を披露しました。私は乗馬経験者として部班の先頭を任され、同期と共に馬に乗る貴重な経験を積みました。

同期の中には、麻布大学馬術部出身の獣医職や帯広畜産大学馬術部出身の馬術職もいました。JRAでは、総合職の中でも事務職、獣医職、馬術職など、採用形態が分かれています。馬術職は最初に馬事公苑に配属され、大学馬術部や乗馬クラブへの指導を行いながら、全日本クラスの大会やオリンピックへの挑戦も可能です。2021年の東京オリンピックでは、馬事公苑から3名の職員が出場しました。こうした馬術職の業務に触れる機会があり、私のキャリアにも大きな影響を与えました。

これまで9か所での勤務で経験したことを紹介します。

(1) 馬事部馬事振興課

新人研修を終えた後、六本木にある本部の馬事部馬事振興課に配属されました。この部署では、馬術関連の業務に携わり、馬事公苑や全国の競馬場にある乗馬センターの管理、日本馬術連盟や全国乗馬倶楽部振興協会との連携を担当しました。ここでの2年間の勤務では、乗馬の入退厩や飼育費用の予算管理、新規採用や研修業務も手掛けました。

JRAには職員有志で構成する「乗馬部」があり、休日や早朝に無償で馬に乗ることができます。私は乗馬部に所属し、学生時代から憧れていた馬事公苑での乗馬を楽しむと共に、トップ選手からの指導を受ける機会も得ました。また、職員同士の乗馬大会の事務局を担当し、選手としても参加するなど、馬事振興課での経験は非常に充実していました。

(2) 小倉競馬場安全対策課

次に配属されたのは、2006年2月に転勤した福岡県の小倉競馬場安全対策課です。ここでは競馬場の警備を担当し、競走馬と来場者が安全に共存できる環境を整えるための業務に従事しました。3年間にわたり、競馬場

の安全対策に取り組む中で、競走馬が安心して競走に臨める環境づくりの重要性を深く理解しました。

(3) 広報部報道室

2009年には本部の広報部報道室に転勤し、再び東京での勤務となりました。ここでは、競馬を取材するマスコミ対応を中心に業務を行い、特に2011年の東日本大震災直後に中東のドバイで行われたドバイワールドカップにおいて、日本馬が1位と2位を独占するという快挙を見届ける機会を得ました。この歴史的な瞬間を報道対応として支えた経験は、私のキャリアの中でも特に印象深いものとなりました。

(4) 美浦トレーニング・センター業務課

2012年に茨城県の美浦トレーニング・センターの業務課に転勤となり、ここでの業務は競走馬に直接関わるものでした。競走馬の入退厩管理や競馬場への出張の管理、競走馬登録や抹消業務に携わり、競馬の最前線での経験を積みました。特に早朝からの調教監視*や事故発生時の対応、競走馬の馬体検査など、細かな作業が求められる重要な業務に従事しました。

また、トレーニング・センターでの厩舎研修では、1週間にわたって調教師の指導の下、競走馬の調教を学びました。この研修を通じて、厩務員の業務を体験し、競走馬と人が共に働く現場の厳しさとやりがいを実感しました。

(5) 東京競馬場業務課

美浦業務課での2年間の勤務の後、2014年に東京競馬場の業務課に転勤

---

* **調教監視**：馬のトレーニング状況を見守り、健康状態や進捗を確認する作業である。馬が安全で健康的に成長するためには欠かせない活動であり、馬の特徴や性格に合わせた丁寧な管理が求められる。

し、ここで3年間勤務しました。競馬場の業務課では、競走馬の出張受け入れや厩舎準備を担当し、毎週木曜日には出走馬が決まり、数百頭の馬たちをどの厩舎に配置するかを決める「馬房*割」という作業に携わりました。

　また、東京競馬場の日常や早朝の風景を写真撮影し、SNSを通じて発信する活動も行いました。特にサクセスブロッケンというGI勝馬の誘導馬**としての活動を記録し、ファンとのつながりを深める取り組みが好評を博しました。さらに、馬術ショーの企画や実施も行い、競馬ファンに馬術の魅力を伝える場を提供したことは、大きな達成感を得ることができました。

(6) 審判部公正課

　2017年には審判部公正課に転勤し、騎手や厩舎関係者の不祥事対応や、競馬開催日の裁決業務に従事しました。特に裁決業務では、競走中の妨害行為や斜行に対する処分を通じて、公正な競馬を実現するための判断力が求められました。乗馬経験を活かし、馬の行動を的確に理解し、適切な判断を下すことができたと感じています。

(7) 馬事部馬事振興室馬事振興課

　2019年には再び馬事部馬事振興課に配属され、ここではより深く馬事振興に関わる業務を担当しました。特に「競走馬のリトレーニング」に関する調査研究を進め、その成果を「リトレーニングマニュアル」としてまとめるプロジェクトを担当しました。このマニュアルの制作を通じて、多

---

　* **馬房**：馬が休息や睡眠をとるための個室である。馬の安全と健康を守るための設備で、衛生管理が重要である。馬にとって安らぎの場所であり、十分なスペースと快適な環境が求められる。
　** **誘導馬**：他の馬を誘導する役割を果たす馬である。競馬場などで先導し、安心して移動できるようサポートする。安定した性格と経験を持つ馬がこの役割を担うことが多い。

くの乗馬関係者が引退競走馬を安全にリトレーニングできるよう支援しました。

　また、東京2020オリンピック・パラリンピックに向けた馬術競技の支援活動にも従事し、競技運営にも参加しました。残念ながら無観客での開催でしたが、世界のトップライダーと馬の演技を目の前で見るという貴重な経験を得ました。さらに、馬術の魅力を広く伝えるためのプロモーション活動や、競馬ドラマの制作協力にも携わり、馬と人が共に歩む姿を多くの人々に伝えることができました。

(8) 審判部騎手養成課

　2022年には審判部騎手養成課に転勤し、千葉県にある競馬学校と協力して騎手の養成に携わりました。特に入学試験では試験官として参加し、厳しい選考を経て未来の騎手を選抜する重要な役割を果たしました。JRAの少年団出身の受験生が多く合格する中で、幼少時代からの騎手や厩舎関係者の育成がいかに重要であるかを実感しました。

(9) 審判部公正課

　2024年には再び審判部公正課に配属され、現在も裁決業務に従事しています。競馬開催日には裁決書記として競馬の審判である裁決委員を補佐し、競馬の公正さを守るための業務に取り組んでいます。競馬場やウインズ[*]、テレビやラジオで流れる「お知らせいたします…」という放送業務も担当し、競馬の運営において重要な役割を果たしていると感じています。

　自分のキャリアを振り返ると、さまざまな部署での経験を通じて、競走馬と人との関わりを深めてきました。これらの経験を通じて、「人馬のウェ

＊ ウインズ：場外勝馬投票券発売所

ルビーイング」という考え方がいかに重要であるかを実感しています。競走馬の管理や競馬の公正な運営だけでなく、引退後の競走馬の福祉や新しいキャリアを支援することも、競馬界において非常に重要な要素だと考えています。これらの視点を踏まえ、自分の役割を再確認し、今後も競馬界全体の発展にさらに貢献していきたいと考えています。

2 引退競走馬が馬術界へ与えるもの

　日本の競馬は現在、すべてサラブレッドで構成されています。日本中央競馬会競馬施行規約の第42条には「競走に出走させることができる馬は、軽種の馬とする」とあり、さらに第39条には「競走の種類は、サラブレッド系平地競走及びサラブレッド系障害競走とする」と定められています。そのため、現在ではサラブレッド系の軽種馬でなければ競走に出走できないことになっています。

　日本の乗馬クラブや馬術部では、昔から引退競走馬を無償もしくは安価で受け入れ、再調教（当時は「リトレーニング」という言葉はありませんでした）して乗馬に仕上げるのが一般的な流れです。日本で飼養されている馬の総数は約74,300頭で、そのうちサラブレッドは約64％の約47,800頭を占めています（残りの約26,500頭には、ばんえい競馬*で使われる重種馬**やポニー、在来馬などが含まれます）。そのうち乗用馬は約13,000頭で、サラブレッドが約62％を占める約8,000頭です。乗用馬の多くがサラブレッドであるため、一般的に乗馬をしていればサラブレッドと関わることはご

---

*　**ばんえい競馬**：馬の体重が1トンを超える巨大なばん馬が、直線200メートルのセパレートコースで最大1トンにもなる鉄ぞりを曳く、世界で唯一のレース。
****重種馬**：力強さを重視して育てられた馬で、重い荷物の運搬や農作業に適している。馬車や作業馬としての歴史があり、がっしりとした体格が特徴である。農業分野での活躍が顕著で、人と共に働く馬である。

く自然なことといえます。

　1年間に日本で生産される馬のうち、サラブレッドが占める割合は約50％です。これに対して、馬術大国であるイギリスでは、約40万頭と推定される馬の総数のうち、サラブレッドは約4,500頭で全体の約1.1％しかなく、アメリカでも、年間生産数約12万頭のうち、サラブレッドは約18,000頭で、その割合は15％しかありません。このデータから、日本におけるサラブレッド生産の割合が特に高いことがわかります。

　日本では「馬＝競馬＝サラブレッド」というイメージが強いですが、馬術先進国では「馬＝馬術≠サラブレッド」という認識が一般的で、「馬＝競馬＝サラブレッド」のほうがマイノリティであり、競馬と馬術は結びついていないことがわかります。

　日本の乗馬人口は約240万人とされていますが、そのほとんどは乗馬クラブなどで余暇を楽しむ「趣味の乗馬」に携わっており、全日本の競技会を目指すような「馬術家」はごく少数です。そのため、現在の日本で多く求められているのは、160cmの大障害を飛越する障害馬でもなく、オリンピッククラスの演技ができる馬場馬でもなく、あくまで庶民が身近に触れ騎乗できる馬が必要であり、引退競走馬がまさにそのニーズに適しているといえるでしょう。

　馬は経済動物であるため、競走馬としてデビュー前に1億円で取引された馬でも、無勝で引退する際にはほぼ価値がなくなります。ただし、馬主は手放すにしても殺したくはないため、安価もしくは無償で乗馬クラブや馬術部に譲渡されることが多いのです。日本には馬を食べる文化があり、肉用馬の需要もあるため、中にはキロ単価で取引され、食肉市場に出回る馬もいますが、今回はその話題は省きたいと思います。

　私は過去に一度だけ、サラブレッドの再調教を担当したことがあります。1998年、高校2年生の時、乗馬クラブの社長に連れられ、馬運車で浦和競馬場に馬をもらいに行きました。馬運車が到着し、小柄な青鹿毛の牝

馬が連れてこられました。この牝馬をもらう代わりに、社長が先方に缶ビール1箱をお礼として渡していたことを思い出します。その後、「ジューン」と名付けられた馬の調教担当となりました。

当時は現在のようなリトレーニングの技術が確立していなかったため、「とにかく乗れ」という風潮で、騎乗して馴致調教*することが当たり前でした。騎乗してみると、右の口が非常に硬く、右手綱を引いても首が右に曲がらないほどでした。左回りである浦和競馬場で左回りの調教ばかり行っていたのだろうと推察されます。逆に左の口は従順で、そちらを基準にハミ**受けを試みると、すんなりと項を譲る馬***でした。

障害調教となると話は別で、1本の地上横木を置いて通過させようとすると、1メートルほど跳び上がり驚きながら通過しました。しかし何度も根気強く練習を続けると、馬も次第に慣れ、最初は驚いていた地上横木をスムーズに跨ぐようになりました。これこそが馬の再調教だと実感し、時には突然暴れる馬に騎乗者も驚き、時には馬の理解の早さに感心しながら調教を進めた記憶があります。その後、ジューンと私は、数か月で乗馬技能認定の審査に出場し、馬場2級ライセンスを取得させてもらうことができました。

私の引退競走馬とのエピソードはほんの一部に過ぎませんが、日本の乗馬クラブや大学馬術部の関係者には、私以上にさまざまな引退競走馬との出会いがあり、共に成長していくエピソードが溢れていることでしょう。それほど現在の日本では、引退した競走馬が乗馬産業で二次的に活躍する

---

* 馴致調教：馬に特定の動作や技術を習得させるための練習方法である。馬の個性に合わせて少しずつ訓練を進め、信頼関係を築きながら教え込む。正しい訓練は、馬と騎手の安全を確保するために欠かせない要素である。

**ハミ：馬の口に装着する馬具で、騎手が馬の進行方向や速度を操るために使用する。騎手の指示を馬に伝える重要な役割をもち、正しい使い方が求められる。馬とのコミュニケーションを円滑にするための道具である。

***項を譲る馬：馬が頭を下げ、従順な姿勢を示す状態を指す。リラックスし、騎手の指示に従うサインとされており、馬が安心していることを表している。調教やトレーニングにおいて重要な瞬間である。

という構図が一般的ですが、これは諸外国ではほとんど見られない、日本独特の美しい文化だと思います。この自然な流れの中で、私たちが研究開発した「リトレーニング」の技術がさらに活用されれば、非常にうれしい限りです。

3 JRAが行っている引退競走馬支援

　引退競走馬の支援については、「馬の福祉や愛護を考える」という理念から始まっています。JRAでは引退競走馬について、競走馬の引退後の「セカンドキャリア」と、そのセカンドキャリアを引退した後の養老期間にあたる「サードキャリア」に分けて検討をしており、2017年12月に設置された「引退競走馬に関する検討委員会」でさまざまな方向性を議論・検証し、実施に向けて取り組んでいます。この検討委員会のメンバーはJRAの馬主、調教師、騎手、生産者や地方競馬の主催者、農林水産省などで構成されており、多角的な目線から議論を行い、競馬サークル全体で引退競走馬の問題に取り組んでいます。

　具体的にはリトレーニングの促進を含め、これまで以上に多くの引退競走馬がセカンドキャリアに進むことができるよう検討をしているほか、先述の東京2020オリンピック大会を契機に馬術の魅力を広く伝え、乗馬人口を増やすことで引退競走馬の受け皿をさらに増やす試みを行いました。無観客試合となってしまったことで効果は限定的でしたが、その無観客を補足すべく当初予定にはなかったオリンピック・パラリンピック馬術競技を競馬専門チャンネル「グリーンチャンネル」で生中継することを実現するなど、日本国民に馬術の魅力を伝える一助となったのではないかと考えています。

　また、全国乗馬倶楽部振興協会を通して、2018年より「Retired Racehorse Cup（RRC）」を開催しており、日本全国の乗馬クラブが引退競走馬のリトレーニングによって調教した馬で競技会に出場し、成績に応じて賞金を得られる仕組みを整えました。2023年には馬事公苑で開催された決勝戦において、優勝馬には賞金100万円が贈られるなど、予選を含めて全29大会の総賞金額は3,500万円と、引退競走馬限定の馬術競技としては高額な賞金設定となっています。近年は出場者数も右肩上がりで増加しており、競走馬ファンが出場馬を応援するために、普段は縁がない馬術競技場を訪れ、馬術の魅力を知るという副次的な効果も見られています。今後もRRCはさらに発展していくことが期待されます。

　その他にも、馬産業の将来を担う学生馬術部への活動経費支援、リトレーニングに関する講習会、障がい者乗馬やホースセラピーに関する講習会など、JRAはさまざまな事業を通して引退競走馬の支援を行っています。

　さらにサードキャリアに関しては、「引退競走馬の養老・余生等を支援する事業」として2018年より支援を開始しており、2022年には42団体を対象に金銭面での資金援助を実施しました。そもそも馬は「家畜」であり「産業動物」でもあるため、本来は人への役割を果たすことで存在価値があるという考え方もあります。そのため、競走馬やセカンドキャリアを終えた馬が天寿を全うするのはごくわずかです。しかし、乗馬などのセカンドキャリアを終えた後に、オーナーや支援者が「死ぬまで面倒を見たい」という場合には、養老牧場等でケアをしながら引退競走馬に余生を過ごしてもらうことになります。

　近年は競馬ファンが希望する馬の1口オーナーとなり、月数千円の安価な負担で対象馬の飼養費を出し合って飼養するというNPO法人の取り組みも始まっています。しかし、オーナーからの出資のみでは馬房や牧柵の建築や修繕、人件費を含めた運営は困難であるため、JRAがその他発生する経費の一部を補助する事業を行っています。

　競馬ファンの中には「馬は本来野生の生き物なのだから、引退した馬を

山に放しておけば勝手に草を食べて自生できるはず。だから引退競走馬には山で幸せな余生を過ごさせてあげればいい」と考える方も少なくありませんが、実際には野生馬とは異なり、サラブレッドのような人が手をかけなければならない馬は放置しておくと、身体や蹄の病気によって容易に命を落としてしまいます。

　このように「引退競走馬の幸せな余生とは何か」という答えのない問題に対して、今後もさまざまな角度から検討を行い、JRAは必要に応じて支援を続けていかなければならないと考えています。

4　最後に

　一人のJRA職員がいろいろと述べてきて恐縮ではありますが、これまでの職業人生の中で馬を愛し、競馬を愛して仕事をしてきた自負はあります。この書籍をご覧になっているみなさまは、一般の方々よりも「馬に興味がある、馬に関与してきた」方々だと思います。馬術競技を見に行くだけでも支援につながりますし、競馬や引退競走馬についてネット検索をするだけでも構いません。少しでも馬についてできることを考えていただければ幸いです。

第3章 大学スポーツとしての馬術の魅力

松本東馬

1 なぜ馬術部なのか

　馬術との出会いは、小学4年生の時にテレビで観た競馬に憧れ、騎手を目指したことから始まりました。両親が地元山口県の乗馬クラブに連れていってくれたことで初めて馬に触れ、乗馬の魅力に引き込まれました。早い段階で馬術の基礎を学び、障害飛越競技にも挑戦し、次第に馬術の世界にのめり込んでいきました。中学3年生で国体に初出場し、高校2年生ではインターハイで個人戦4位という成績を残すまでになりましたが、当初は大学で馬術を続けるつもりはなく、地元の大学に進学し、馬術は趣味として楽しむ予定でした。

　しかし、高校2年生の終わり頃、馬術を通じて多くの方々と出会い、視野を広げるためにも一度外に出てみようと考え、関東の大学への進学を目指すことにしました。この過程で、大学の馬術部での活動が将来においても大きな価値をもつのではないかと考えるようになりました。

　日本では、大学馬術が長い伝統をもち、2021年の東京オリンピックに出場した10選手のうち9選手が大学馬術部の出身であることからも、その重要性がうかがえます。しかし近年では、高校卒業後に海外の厩舎へ留学したり、馬関連の職業に就くことを選ぶ実力ある高校生が増え、大学馬術への進学者が減少している現状があります。

　このような状況の中、大学馬術は団体活動を通じて礼儀や人間関係の構

築、そして優れた指導者から学ぶ機会を提供する、他では得られない貴重な経験を得る場であると考え、大学で馬術を続けることを決意しました。その矢先、2020年2月に新型コロナウイルスの感染拡大が始まり、私たちの生活は一変しました。リモート授業が始まり、イベントはすべて中止となり、高校生活最後のインターハイや国体も出場できませんでした。そんな中、法政大学馬術部の宮木康光総監督と柏村晋史監督に出会い、法政大学馬術部が引退競走馬のリトレーニングやホースセラピー、「人馬のウェルビーイング」に力を入れていることを知り、大きな興味をもちました。

　日本の大学馬術では、競技に特化した外国産馬が多く活躍し、引退競走馬の活躍は比較的少ないのが現状です。しかし、小学生の頃から引退競走馬に騎乗し、競技に出場してきた経験から、法政大学で競技だけでなく、引退競走馬のリトレーニングや競技以外で得られる知識や活動に惹かれ、法政大学を進学先として選びました。

2 大学スポーツとしての馬術の魅力

　馬に乗ることは、大きな空の下、緑の草原を馬と共に駆け巡り、自由と一体感を得ることができる体験です。馬は力強くありながらも優しい生き物であり、人と深く結びつくことができます。馬術では、この美しい生き物との間に信頼の絆を築くことが求められます。馬術に挑戦することは、単なる技術の習得を超えた意味をもち、その過程で生まれる馬と人、そして人と人との間の深い絆こそが馬術の最大の魅力です。これは、スポーツを超えた共に成長していくプロセスであり、大学スポーツとしての馬術は、単なる競技を超えた価値をもっています。

　また、大学馬術部は、幼少期から馬術に親しんでいる者だけでなく、大学入学後に初めて馬術に触れる人にも門戸を開いています。普通の大学生

活では経験できない馬との暮らしが大学生活の一部となり、馬に乗って競技に出場する機会が得られることが、大学スポーツとしての馬術がもつ独特の魅力です。

現在、大学から馬術を始めた部員の指導を行っていますが、指導者として初心者を教える経験は、教えることの難しさと同時に、自らの成長の機会にもなっています。これは馬の調教にも通じるものであり、焦らず、

法政大学体育会馬術部は未経験者大歓迎

相手とのコミュニケーションを大切にすることを心がけています。大学馬術では、日々の努力が試合出場へとつながり、初心者でも競技に参加して結果を出すことが可能です。部員が成長し、競技で結果を出す様子を見ることは、自分自身が競技で成果を上げたときの喜びに匹敵します。これこそが大学馬術の魅力であり、技術の習得に加えて、自信、責任感、リーダーシップなど、人生において役立つ多くのスキルを学ぶ場となっています。

3 学業とスポーツの両立への挑戦

　高校生の頃、大学に進学したら馬術は趣味として楽しみ、勉強に比重を置くつもりでしたが、進路を模索する中で、馬術部の活動を通じて勉強とスポーツの両方に取り組める環境を提供する法政大学への進学を決めました。スポーツ推薦で法政大学への進学が決まったとき、学業とスポーツの

両立に対して不安を感じていました。

　大学の学業とスポーツ活動を両立させることは、一見難しい挑戦に思えるかもしれません。しかし、時間管理と効率的な学習を心がけることで、個人の成長や学業成績、将来のキャリアに多大な利益をもたらすことができます。法政大学馬術部は、学業とスポーツの両立を目指して活動しており、部活動と授業の両方に無理なく参加できる環境を提供しています。入学当初は慣れない生活や宿泊当番などで時間配分に苦労しましたが、先輩や総監督のサポートのおかげで、徐々にタイムマネジメントができるようになりました。

　現在では、授業と部活動のバランスをうまく両立させながら、学業とスポーツの双方に取り組める生活を実現しています。特に、多摩キャンパスの立地が、このバランスをとる上で大きな役割を果たしています。キャンパスと馬場の距離が近いため、無理なく両立できる環境です。勉強とスポーツの両立を通じて、時間管理、知識、責任感、リーダーシップ、チームワークといった将来、どのキャリアにおいても価値のあるスキルを育むことができると感じています。

4　法政大学における引退競走馬との歩み

　法政大学馬術部では、2023年12月時点で管理する13頭の馬匹のうち、11頭が引退競走馬です。他の大学馬術部と比べ、引退競走馬の割合が高いことが特徴です。競走馬が引退する理由はさまざまで、競技レベルの低下や怪我、年齢などがあげられますが、引退後の馬にとって最大の挑戦は新しい役割を見つけることです。競馬の引退を余儀なくされる馬は毎年約5,000頭にのぼり、その後に寿命を全うできずにいる馬たちが多数いるという現実があります。そのような中、法政大学馬術部は錦岡牧場のご支援

2023年全日本学生MD障害馬術競技の一コマ

をいただいて引退競走馬の寄贈を受け、リトレーニング／グラウンドワークを施して馬術へと転向させ、彼らに第二のキャリアを提供することに取り組んでいます。これはアニマルウェルフェアの向上において、重要な手段の一つです。

　引退競走馬の馬術への転向は、彼らに健康的で活発な生活を維持する機会を提供すると共に、馬術競技に新たな才能と多様性をもたらす可能性を秘めています。これは、社会に有益な形で彼らの能力を活かす取り組みです。法政大学馬術部では、引退競走馬のリトレーニング／グラウンドワークに多くの比重を置いて取り組んでおり、入部以来、引退直後の馬へのグラウンドワークと騎乗を通じて多くの技術を学んできました。

　2年生の春からコンビを組んだ引退競走馬ヤマニンパスティユとの経験は、多くの競技に出場し、学生戦に挑戦する日々でした。ヤマニンパスティユとのトレーニングでは、彼女は力強い馬ではありませんでしたが、その持ち前の勇気と素直さが魅力であり、障害飛越競技においても着実な成長を遂げました。最終的には、関東学生MD競技で2位、全日本学生大会で8位という結果を得ることができました。この経験を通じて、引退競走馬

と共に挑戦し、共に成長することが学生馬術競技の魅力であり、大学スポーツとしての馬術がもつ独特の価値であると感じています。

5 法政大学での学び

　法政大学では、現代福祉学部福祉コミュニティ学科に所属し、社会福祉、臨床心理、地域づくりの3つの分野を包括的に学んでいます。また、スポーツ推薦で入学したアスリートには、スポーツ関連の知識を学び、将来のキャリアに役立てる講義「SSI（スポーツ・サイエンス・インスティテュート）」が提供されています。専門ゼミ（佐野竜平教授）では、ホースセラピーや循環型経済など、コミュニティと連携したモデルづくりに取り組んでおり、実際に国内外の現場を訪問して学ぶ機会も多く提供されています。一例として、岩手県遠野市を訪問し、馬搬の技術*や文化を学び、引退競走

岩手県遠野市での馬搬体験

＊ **馬搬の技術**：山間部や森林で、馬を利用して荷物を運ぶ技術である。自然環境を損なわない運搬手段としても活用されており、伝統的な技術が継承されている。森林資源の活用に役立つ技術である。

2023年全日本学生馬術大会の一コマ

　馬の行く末に思いを巡らせる機会を得たことは、馬と共に生きることの大切さを深く考えさせられる貴重な経験でした。

　大学スポーツとしての馬術は、単なるスポーツにとどまらない多面的な魅力をもっています。引退競走馬のリトレーニングやホースセラピー、アニマルウェルフェアの促進、さらには地域社会との連携を通じた持続可能な社会の構築など、馬術を通じて学べることは非常に多岐にわたります。法政大学では、馬術を通じて得られるこれらの学びが、個々の成長だけでなく、社会全体にも大きな影響を与える可能性を秘めています。

　これまでの活動を通じて得た経験や知識を次の世代へと引き継ぎたいという思いが強くあります。馬術を通じて培ったスキルや知識を後輩たちに伝え、彼らが新たな時代においてさらに発展させていくことを願っています。また、この経験を通じて得た馬術の価値を、多くの人々に広めていくことが私の使命だと感じています。そして、卒業後もこの経験を糧にし、大学スポーツとしての馬術がもつ真の価値を社会に伝えていけるよう、後輩たちの活躍を支援していきたいと考えています。

社会連携フィールドワーク「引退競走馬のセカンドキャリア構築による人馬のウェルビーイング」深野聡講師による講義

第Ⅱ部 引退競走馬との触れ合いと広がる『人馬のウェルビーイング』

第4章 ホースセラピーと引退競走馬

深野　聡

1　ホースセラピーとは何か？

　人と動物がふれあうことで、心身の癒しやストレスの軽減を期待する活動の総称を日本では「アニマルセラピー」と呼んでいます[3)13)]。この言葉は日本でつくられた言葉ですが、医療や福祉、教育の現場において、この活動が紹介・導入される事例が増え、一般にも認知度が高まりつつあります。この活動はプログラムを提供する環境や目的によって以下のタイプに大別することができます。

　Animal Assisted Therapy（AAT）は、「動物介在療法」とも呼んでいます[4)5)]。これは医療機関で医師や作業療法士などの医療従事者が関わりプログラムを作成し、対象者の治療や機能回復を補助することを目的とするものです。患者さんのリハビリテーションを目的として取り入れたり、痛みやストレスの軽減などを期待しています。

　Animal Assisted Activity（AAA）は、「動物介在活動」と呼びます[4)5)]。動物と過ごす時間を通じて対象者の情緒的な安定や生活の質（QOL）の向上を目指すもので、ペットとして動物を飼うこともその一環と考えられます。高齢者や障がい者などの福祉施設の利用者に対し、動物と触れ合うレクリエーションの時間を設けることによって癒しを期待していると考えればわかりやすいでしょう。

　AATでは、医療従事者による治療としての側面も含むため、治療目標

の設定やその過程の記録も重要なポイントとなり、実施後における効果の測定や評価は重要になります。一方、AAAではそこまで詳細な記録作成を伴わなくとも実施可能な比較的容易なプログラムといえます。また、AAAの活動で動物を「命をもった教育的ツール」として活用し、教育の質や学習意欲の向上を目的として教育活動の領域で実施される場合には、Animal Assisted Education（AAE・動物介在教育）と呼んでいます。

　「アニマルセラピー」には、人間と共に暮らしてきたコンパニオンアニマル（伴侶動物）が適しているといわれており、犬、猫、ウサギ、モルモットなどが用いられます。中でも犬は身体のサイズ、社交性、しつけの入りやすさなどから、その代表的な動物です。一方で、「馬」という大型動物を用いて行うアニマルセラピーは「ホースセラピー」と呼ばれるプログラムになります[3) 16)]。

　「ホースセラピー」は、AAT（動物介在療法）、AAA（動物介在活動）、AAE（動物介在教育）のいずれの領域においても実施される事例があり、対象者が抱えている身体的および心理的な課題や、それらに起因していると思われる日常生活の困難さに対し、プラスの作用をもたらしたいという活動のねらいや目標があります。そして、「馬」を用いる際の最大の特徴は「人が乗れること」であり[5) 11) 12)]、馬に乗ることやお世話をすることをプログラムに組み込むことによって、より効果的に目標達成を目指せる可能性のあるものといえます。

　この馬を用いて実施されるプログラムでは、提供する人の専門性や活動領域、目的・方法論の違いから「障がい者乗馬」「乗馬セラピー」「乗馬療法」「乗馬療育」「治療的乗馬」といったさまざまな呼称[5)]が日本では使われてきました。言葉が多岐にわたり、わかりにくい部分もありますが、共通している点は「医療、心理・教育、レクリエーション・スポーツのいずれかの領域における馬を用いた活動」を表したものです。いずれも「障が

いのある方が馬に乗る（関わる）活動」を目指したり、含んでいるということになります。活動団体では各自で提供するプログラムについて詳細な説明を行っていますが、これらの活動を総称して日本では「ホースセラピー」と呼んでいると考えればわかりやすいでしょう。

（1）ホースセラピーの3分野

ホースセラピーのプログラムについては明確な定義は存在しません[11]が、その目的と実施環境により、医療的、心理・教育的、レクリエーション・スポーツ的の3つの大きな分野に分けて整理することができます[9) 10) 11) 14)]。

医療的分野は、対象者の身体機能や情緒機能の改善を期待したものです。例えば、肢体不自由を抱えている方の運動機能改善を目的としたり、身体の

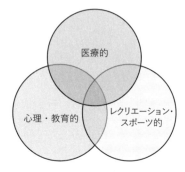

図1　ホースセラピーの3分野
3つの領域はそれぞれ独立しているのではなく、互いに重なりあった部分がある

感覚器を刺激し、その機能向上を目指すことが含まれます。「治療」としての側面が強いため、医師や作業療法士、理学療法士といった医療従事者の関与がこのプログラムの遂行には不可欠です。医療現場における治療やそれに関連する行為は、一般的に対象者にある種の緊張感をもたせてしまうこともありますが、馬を用いたプログラムでは、馬の存在が心理的なリラックスにつながる場合もあり、この結果、情緒的な効果も同時に得られ、QOL（生活の質）向上への好循環をもたらす可能性を含んでいます。

心理・教育的分野は、命を持った「馬」との言葉に頼らない多面的なコミュニケーションによって、生きることとの価値を対象者が感じ取ることで、心身の健全な発達を期待するものです。「乗る」活動を伴う場合においても、その技術向上が主目的となるものではありません。発達障がい児

や学習障害（LD）を抱えた子どもたちを対象に、療育支援や福祉サービスの一環として行われたり、馬に触れることで、そのたくましさや優しさを直接感じ、生きづらさを抱える大人のうつ予防、意欲向上、自信回復のためのニーズにも応えることを期待しています。

　レクリエーション・スポーツ分野は、「乗る」活動を最大限に活かしたホースセラピーならではの活動です。馬に乗ること、すなわち乗馬は、競技スポーツでは「馬術」と呼ばれますが、これは動物と行う唯一のオリンピック種目です。障がいのある方の馬術種目は「パラ馬術」と呼ばれており、スポーツ大会参加への目標にもなります[5]。その最高峰がパラリンピック出場といえるでしょう[12]。たとえ表彰台に上がることが難しくとも、その挑戦は自身の健康促進のきっかけになり得ますし、トレーニングを通じて得られる達成感や馬への信頼感、活動を支える人々との交流は、障がいの有無にかかわらず日常生活では得難い体験です。また、乗ることだけでなく、馬の世話や厩舎で過ごす時間も、社会参加につながる拡張性を含んだ活動といえます。

　これらの3分野で「馬」を用いたプログラムをAAAやAAEとして実施し、何らかのプラス効果を期待して行われる活動を日本では、一般的に「ホースセラピー」と呼んでいます[11]。

　ちなみに、「ホースセラピー」とはHorse Assisted Therapyの略語であり[14]、AATとAAAの関係性を考えれば、医療従事者が関わらない活動であればHorse Assisted Activityというべきですが、「ホースアクティビティ」と呼ばれる事例はほとんど見られません。障がいの有無や年齢にかかわらず、馬と過ごす活動の中で心と身体の健康増進に寄与することを目的としたプログラムならば、日本では総じて「ホースセラピー」と呼んでいると考えてください。

　海外ではこれらの活動のことを、Riding for the Disabled（障がい者のための乗馬）、Therapeutic Riding（治療的乗馬）、Adaptive Riding（適応

乗馬)、Equine Assisted Services（馬介在サービス）などと呼ぶ[2) 8)]場合がありますが、AATを目的とする施設では単にセラピーと呼んでいる場合もあります。

(2) ホースセラピーで行われること

実際のホースセラピーの活動では、以下のような活動を組み合わせて行われることになります。

①対象者に活動を告知する
②馬のいる施設に行く（馬が施設に来る）
③馬に近づく
④馬を眺める
⑤馬にさわる
⑥馬のお世話をする（厩舎作業をする）
⑦馬と一緒に身体を動かす（乗馬・馬車・並んで歩く）
⑧他の人の活動の様子を眺める
⑨馬との出来事を家族や他の人と話す

わかりやすく整理するため①から⑨までの順番をふりましたが、対象者によっては、この順番通りには進めない人もいますし、順番通りに進む途中で嫌になって活動を終える人もいます。中には、馬を眺めているだけで満足だ、という人もいるはずです。また、ここでふれていない活動へと発展していくこともあり得ます。このような活動内容の選択と構成は、対象者の身体や心理の状態、スタッフや馬の能力、実施環境の施設整備状況などを踏まえながら活動責任者（インストラクター）がプログラムとして組み立てていくこととなります。このような活動の組み合わせにより実施されるホースセラピーのプログラムですが、その最大の特徴である「馬に乗る」活動は、表1に示したような効果があるといわれています[12) 14) 15) 16) 17)]。

表1 馬に乗る活動によって得られる身体的、精神的、教育的効果

身体的効果	• 全身への刺激による筋力強化 • 平衡感覚の発達によるバランス向上 • 姿勢の改善とその維持 • 循環器、呼吸器といった内臓機能への好刺激 • ストレッチによる柔軟性の向上 • 新陳代謝の改善 • 腰痛予防 • 健康の増進 • 総合的な緊張の緩和
精神的効果	• 達成感や満足感 • 自信の向上 • 不安や恐怖心の軽減 • 多動の軽減 • 意思表示や感情表現の学び • 非言語的コミュニケーション能力の向上 • 対人関係を築くコツの気づき • 社会的な協調性や順応性の養成
教育的効果	• 「馬」という動物を知る • 馬にまつわる作業や仕事を知る • 生き物との対話を通じて絆を育む • 責任感や自立心の養成 • コミュニケーションスキルの向上 • 挑戦意欲の高まり

　ここで注意すべきことは、1回の活動だけで、これらの効果を対象者がすべて実感できるというものではありません。あくまでも「馬に乗る」ことも含まれた予定プログラムがうまく進行し、対象者がリラックスした状態で受け入れることを繰り返された場合、こうした変化を客観的に見て取れる場合があるということです。

　実際の活動では、馬に近づくことや乗ることに心理的な抵抗が強く出て、予定プログラムがほとんどできずに終わったり、関わるスタッフや環境に気を取られ、馬への集中が続かない場合があり得ます。またその日に限って馬の調子が悪かったり、その馬がもつホースセラピーにおける適性能力以上のことを求めてしまった場合には、活動の調和が乱れ、突発的な

リスクにつながる不確定な側面があります。実践において活動関係者はこのことを理解し、常に安全に注意を払う必要があります。

（3）ホースセラピーの歴史

　馬との関係性が古くからあった西洋の人々は、馬に乗ることによって得られる、身体への治療的な効果に早くから気づいていたと考えられており、紀元前の古代ギリシアでは負傷兵の治療に乗馬がすでに用いられていたと伝えられています[3)5)12)]。

　18世紀には「乗馬を通じての健康づくり」と題した書籍がドイツで出版されました[8)]。19世紀のフランスでは医学的研究が始まり、その後、スウェーデンでは治療目的の機械仕掛けの馬がつくられました[8)]。20世紀に入ると、近代的な乗馬による医療が英国で開始され、ウィーン大学医学部の講座では治療を目的とした馬の活用が取り上げられ、乗馬装置の作成も行われるようになります[8)]。このような過程を経て、1960年頃からこの分野が専門性をもつものとして本格的に成立しました。

　特に英国とドイツ語圏において研究が進められ、英国では1964年にアン王女を総裁としてRDA（Riding for the Disabled Association）が慈善団体として設立されました[3)]。この団体は、障がい者のレクリエーションやスポーツとして乗馬や馬車操作を楽しむ機会を提供し、社会参加とQOL向上を目的としたボランティア育成といった組織的な方法論を確立しています[2)7)]。

　ドイツ語圏では、1970年にドイツ乗馬療法協会（Deutsches Kuratorium für Therapeutisches Reiten）が設立されました[3)]。この協会は、医療（理学療法）の一部として乗馬活動を体系化し、心理的な対応、教育、障がい者スポーツといった各専門領域における馬の活用方法を開発してきました[8)]。

　日本では1970年代から教育における馬の活用例が紹介され[8)]、以降、地

方公共団体が関与して障がいのある方や地域の人々に対し、馬とふれあう機会や場所を提供する取り組みが始まりました。また、乗馬クラブやボランティアグループが独自に立ち上げた組織によってホースセラピー活動が開始され、全国へと広まりました。

　東京2020パラリンピックの開催決定は、パラ馬術への注目を高め、競技参加が増加するきっかけとなり、競技団体への各種支援が進みました。さらに、国内初の国際パラ馬術競技会（CPEDI）が開催され、競技力向上の取り組みも総合的に強化されました。コロナ禍の影響で延期された2021年の本大会は無観客開催という形になりましたが、人と動物が共に活動する唯一のパラリンピック種目である「パラ馬術」の魅力を広く発信する絶好の機会となりました。

2　ホースセラピーと引退競走馬

（1）ホースセラピーに適した馬とは

　ホースセラピーのプログラムに適した馬は、まず健康であることが求められます[10]。また、人と共に安全に活動ができ、その環境に慣れていること、扱いやすく安定した動きができることも重要です[1)6)7]。具体的な条件としては、以下の点があげられます[9]。

　①気性が穏やかで性格が落ち着いていること
　②動きのリズムに正確さがあり、外部からの影響を受けにくい安定性があること
　③馬のそばで介助者が騎乗者を補助しやすい体格であること

　これらの要素を高いレベルで兼ね備え、ホースセラピーの活動に適して

いる馬のことを特に「セラピーホース」と呼びます。セラピーホースの能力次第で提供できる活動を増やすことができ、プログラムで期待された効果をより引き出すことが可能です。

　一方で、セラピーホースとしての適性は、すべての馬が有しているものではありません。また、1頭の馬で、先にあげた3つのセラピー要素をすべて満たせるという例もなかなか見られることではありません。これらの要素をすべて兼ね備えていることは、限られた馬だけがもつ貴重な特性なのです。

　活動責任者は、プログラムに用いる馬の特徴やセラピー要素のレベルを見極め、どこまでの活動に対応できるのかを事前に、そして活動中にもリアルタイムでチェックします。リスクが高いと感じた場合は速やかに活動を中止する判断を下す必要があります[10]。また、プログラムの計画時には、対象者と馬との間にある物理的距離を考慮し、その馬がどの距離レベルまでならリスクなく活動できるのかも、あらかじめ検討しておくことも重要です。

　ここでの「物理的距離」は、プログラムが進む段階に応じて随時変化するものであり、「①無限遠」、「②遠距離」、「③中近距離」、「④ゼロ距離」の4つに分けて整理したいと思います。

　これらの物理的距離の「段階」に応じて、活動に用いる馬に対して求められるセラピー要素のレベルは変化し、適した馬も異なってくることになります。

　「無限遠」の段階では、対象者がいる場所からは馬の存在を認識できていないため、ある意味どんな馬でもよいといえますし、その馬は生きた「馬」である必要すらないかもしれません。しかし、ホースセラピーの実施が伝えられた時点で、対象者の頭の中には何らかの馬のイメージがすでに作り上げられていると考えられます。有名な引退競走馬がいる牧場を見学するというレクリエーションの場合、出発前からその馬のことを思い、

表2　対象者と馬との間にある物理的距離の整理

距離の段階	距離の説明	距離の目安
①無限遠	「遠く離れており五感では馬のいる気配がまったく感じ取れない」距離。「対象者が馬を見たことない」状態も含む。ただし「馬」がいることは把握している。	1000m以上
②遠距離	「視界の中で遠くに小さく馬が見えるか、五感で馬のいる気配を感じ取れる」距離から「馬の全身を捉えられる」程度での距離。	3～1000m
③中近距離	馬に近寄った状態でその身体の大きさを感じられる状態。一歩踏み出したり、手を伸ばせば馬にさわれる」から「無理なく馬の身体にさわる、ブラシをかけられる」距離の段階。	0.5～3m
④ゼロ距離	馬に身体を預けており密着している状態＝（例）乗馬時 馬と協働している状態＝（例）馬を引いて歩いたり、顔を寄せている状態	0.5m未満

ワクワクしているかもしれません。

「遠距離」の段階では、対象者と馬との直接的な接触は発生しないため、セラピー適性を過度に求める必要はないといえます。対象者が五感によって馬の存在を感じやすくなるため、遠くからでも目立つ行動をする馬が適しています。たとえば、大きく立派な体格で生命力にあふれ、元気に走ったり、力強くいなないたりするなど、感情を表に出すタイプの馬が適しているともいえるでしょう。また、毛色が派手だったり、小さくて可愛らしい容姿の小格馬（ポニー）も目を引く場合があります。

「中近距離」の段階からは、馬の動き次第では対象者が馬の体に触れる可能性が発生するため、特に安全性を意識する必要があります。したがって、最も必要なのはセラピー要素①の「気性の穏やかさ」です。慣れない状況で触られたり、急にブラシをかけられても落ち着いて受け入れる性格の大人しさが重要です。

「ゼロ距離」の段階では、乗馬活動も含まれることがあり、対象者の体格に適していて安心感を与えられる胴回りのサイズ感を有し、アシストするスタッフが無理なく対象者を支えられる体高であることが求められま

す。また、その歩きは周囲の物音など外的要因に左右されず、安定したリズム感を維持できる馬であれば、より安全かつ効果的に活動を進めることができます。したがって、①気性の穏やかさ、②動きの安定性、③補助しやすい体格の3つの要素を兼ね備えているセラピーホースが望ましいといえるでしょう。

　このように、対象者と馬の物理的距離の変化を意識しながら、活動に用いる馬がどのレベルのプログラムに対応できるのかを判断することが大切です。なお、引き綱を持って馬と一緒に歩く「引き馬」の場合、人の立ち位置としては「中近距離」にあたりますが、引き綱を介し馬とつながっているため、ゼロ距離の段階と同等のセラピー要素を求めたほうが安全に活動を組み立てることができます。

　最後に、馬との「心理的距離」についても触れておきます。この距離は、対象者がその馬に対して抱く感情によって左右されるため、先に述べた物理的距離の段階にかかわらず、近くにも遠くにも瞬時に大きく変化するものです。容姿から感じたかわいらしさ、たくましさ、カッコよさといった印象は、その馬がもつ特徴であり、対象者の興味を引きつけます。また、その馬の動きの美しさや施された調教のレベル、人懐っこくて性格がよいといったキャラクターも、大きな魅力となり得ます。こうした個性を併せ持ち、特別な感情を抱く大好きな馬の名を耳にすれば、物理的距離が無限遠であっても、対象者の気持ちはすでに馬に寄り添っているといえるでしょう。

　一方で、ゼロ距離の乗馬中に馬が予期せぬ動きをしてプログラムの進行が乱れると、対象者は一気に怖くなり、一刻も早く馬から離れたいと感じることがあります。このように「馬」自体に対して抱く感情の豊かさによる心理的距離の変化は、ホースセラピーで期待される精神的効果にも密接に関わっています。

（2）引退競走馬のホースセラピー適性

　引退競走馬とは、文字通り何らかの理由で「競馬」を走ることを引退した馬のことであり、その品種は今日の日本では基本的にサラブレッドです。サラブレッドは、18世紀の英国で競走用として品種改良された馬で、スマートな体つきと発達した筋肉を両立し、速く走ることが可能な体型をもっています[19]。その性格は警戒心が強く、物音や環境の変化などを敏感に察知する臆病な面があるため、取り扱いにはデリケートさが求められます。安全に能力を引き出すためには、馬の性質を理解し、その扱いに慣れた人が接することが好ましいといえます。

　また、サラブレッドの身体的な特徴として、馬の大きさを表す「体高」（首の付け根である「キコウ」という部分の地面からの高さ）が150cmから170cm程度あり、これは日本人の成人身長に匹敵します。馬として特別大きいサイズではないものの、ホースセラピーの活動において、対象者を馬に乗せる際の補助や、馬の横を歩きながら手を伸ばして騎乗者を支える動作を行う際には、その高さゆえに困難を伴うことがあります。

　これらの特徴は、前述したホースセラピーにおける3つのセラピー適性が求められる要素と相反している面があり、一般的にサラブレッドはホースセラピーには向いていないと考えられることが自然です。実際、他の品種を扱える環境にある欧米のホースセラピー施設では、体格がもっと小さく、背中の幅が広く動きが穏やかな別の品種の馬をプログラムに用いることが主流です。

　一方、日本では生産される馬の大半がサラブレッドであり、乗馬施設で運用される馬もその多くが引退競走馬であるサラブレッドです。つまり、日本において最も接する機会の多い「馬」はサラブレッドであり、引退競走馬なのです。先に述べたように、サラブレッドは扱いのデリケートさがあることは否定できませんが、馬のキャラクターには個体差があり、同じ品種でも大人しい、怖がり、怒りっぽいといった性質や、人懐っこい、人

見知り、集中が続かないといった個性が見られます。数多くいる引退競走馬の中には、他のサラブレッドと比べても気性が穏やかで落ち着いている個体が現れる場合があります。

　また、サラブレッドは競馬という明確な目的のために生産牧場で誕生し、育成施設、トレーニング施設などを経て競馬デビューを果たすまでのシステムが確立されており、それぞれの段階で専門スタッフが順に関わることで調教が進みます。これは、国内で生産される他の乗用馬や小格馬の品種が個人宅を含む小規模施設で誕生し、将来に期待を寄せられながら独自の飼育環境を経て次の段階の施設に移り、一頭一頭で異なる過程を経て成長するのとは別物です。サラブレッドは初期の調教段階から人と一緒に行動し、専門家の手により施された調教によって物覚えがよく、訓練しやすいという側面の獲得につながる可能性はあります。

　環境変化に動じないメンタルをもった大人しい性格の馬が、競走馬としてのキャリア引退後に乗馬としての経験を適切に積むことができれば、扱いやすいセラピー適性の高い馬に育つことは考えられます。また、ホースセラピーで使いやすい体高の乗用馬および小格馬の国内生産は非常に少数で、年500頭にも及びません。その一方で、地方競馬の登録を抹消されるサラブレッドの頭数は年5,000頭弱にもなります。その抹消事由の3分の1が乗馬転向であることを考えれば、サラブレッドは他の品種に比べ桁違いに乗馬界へと供給されていることがわかります。ホースセラピーの現場に最も近いところにいる馬の品種が我が国ではサラブレッドであるといえるのは、このためです。

（3）引退競走馬によるホースセラピー

　サラブレッドを用いてホースセラピーを計画する場合、対象者の身体状態やプログラムに対するスタッフの習熟度を事前に把握し、活動中に表出する諸反応を予見し、安全に対応できる活動内容と対象者との物理的距離

を見極めることが極めて重要です。特に注意すべきはゼロ距離となる乗馬を伴う活動を計画する場合です。環境の変化や物音を気にせず、騎乗バランスの不安定さや予期せぬ行動にも動じることなく、活動責任者が求める動きを安定して続けられるセラピー適性の高い馬を選ぶ必要があります。

　残念なことに、このような才能をもったサラブレッドにはなかなか巡り合えません。しかし、多くの乗馬施設では、初めて馬に乗る人に対しても安心してレッスンに使えるベテランの引退競走馬がいます。こうした頼りになる馬をホースセラピー用の候補馬として選択し、対象者の身体的特徴とプログラムで行いたい活動に合わせた馴致を行い、本番を想定した模擬セッションで納得できる結果を得られたならば使用することができるでしょう。また、騎乗者についても介助なしで座位を維持でき、自力で手足を動かし、ある程度の指示を馬に伝えられる身体能力を有する方であれば、本番でのリスクはかなり抑えられるはずです。

　一方で、「乗る」ことがホースセラピーのすべてではないことは、すでに説明した通りです。馬を見つめているだけでよい、顔に触れてみたい、ブラシをかけてきれいにしてやりたいといった中近距離での活動が望まれることは意外と多いのです。この段階の活動であれば、乗馬時の安定性には多少目をつぶっても、人に触れられることが好きで、大人しくじっとしていられる馬を選ぶことができるため、選択肢は広がります。

　ただし、いかなる活動においても注意しなければならないのは、状況の突発的な変化、例えば「虫」の飛来です。人間の身体よりもずっと大きい馬ですが、皮膚の感覚は非常に繊細であり、肩や脚にハエが止まることにも敏感に気づきます。その際、馬は我慢せず即座に首や後肢で追い払おうとするため、馬のそばにいる人が巻き込まれる可能性があります。たとえ、普段は大人しい馬であっても、虫がたかると急にリスクが高まり、思わぬ事故につながる恐れもあるのです。

　中距離よりも遠い段階での活動では、馬の過ごし方や人への見せ方も重

要になります。自然豊かな環境で馬たちが草を食んだり、しっぽを振ってのんびりと佇む光景は、見ている人の気持ちを穏やかにし、緊張をほぐします。また、飼育環境が馬にとって快適で、人が世話しやすいように整備され、清潔であればなおさら印象はよくなります。手入れが行き届かず不潔な環境で過ごしている馬を眺めても、心理的距離が縮まることはなく、心を癒すことはできません。ホースセラピー活動を行う施設では、馬のウェルフェアにも配慮した適切な管理が重要です。

　馬の姿が見えない無限遠の段階では、対象者が頭に抱く馬のイメージを膨らませ、プログラムの開始に向けた期待感を高めることが大切です。そのためには、馬名はもちろん、競走馬時代での活躍やエピソードなどをわかりやすく発信することが役立ちます。また、対象者がその馬に興味をもち、共感を抱くきっかけは、必ずしもレースの勝利や有名ジョッキーの騎乗といった事柄だけとは限りません。

　私が関わる施設で「キョウエイバサラ号」という引退競走馬を終生飼養したことがあります。引退後、誘導馬デビューを目指したその馬は不慮の事故で前膝を骨折し、治療を施したものの関節の形が変形してしまいました。患部の様子や歩き方は素人の方が見ても明らかに異常がわかる状態でしたが、ハンディキャップを抱えながらも、他の馬たちと共に来場者見学やふれあい活動に参加していました。

　子どもたちがくれるニンジンを上手に食べ、草を求めて放牧場の斜面を歩き、仲間の馬たちと戯れる際には、患部

放牧場で過ごすキョウエイバサラ号
※骨折した右前の膝が肥大している

に負担がかかる速歩さえも自ら出していました。これらは生きることに真っ直ぐな馬本来の姿であり、その生命力の強さは関わる人々に強烈な印象を与え、思い出として深く刻まれました。

　活動に用いる引退競走馬の個性を見極め、何を対象者に伝えられるのかを考えることが、ホースセラピーの計画において重要です。その施設ならではの環境を活かし、安全で無理のないプランを組み立てることが求められます。

3　ホースセラピーの今後

(1) プログラム企画時のポイント

　ホースセラピーの活動責任者としてプログラムを企画する際には、用いる馬のセラピー適性を見極めることが重要です。その適性が高いほど、より多くの場面に対応できるといえます。そのため、実施環境において可能な限りセラピー適性の高い馬を用意することが望ましく、適性が未知数であったり、経験不足の馬を本番でテスト的に投入することは避けるべきです。また、活動内容を組み立てる際には、その馬が対応できる活動範囲をベースに、プログラムに関わる対象者、スタッフ、引率者（保護者）の3つの要素を分析し、馬の能力範囲内で調和を図りながら、期待している効果が生み出されるようにプランする必要があると考えます。

　パターンAは、対象者とスタッフの能力、引率者（保護者）の期待値という3つのレベルが使用馬の能力と調和している状態であり、最も効率的で望ましいパターンです。また、馬の能力が高ければ、パターンCのように3つのレベルバランスが多少悪くとも、大きな問題なく活動を終えることができます。したがって、できるだけ能力値の高い馬を活動に用いることが重要であることがわかります。

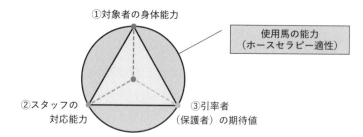

図2　使用馬の能力（ホースセラピー適性）と考慮する3つのポイント

表3　使用馬の能力と①対象者の身体的能力、②スタッフの対応能力、③引率者（保護者）の期待値との関係において想定される4つのパターン

パターンA
使用馬の能力と、①対象者と②スタッフの能力、③引率者の期待値のバランスがマッチしている最も望ましい状態

パターンB
①対象者の身体能力、②スタッフの対応能力、③引率者の期待値のバランスはいいが、使用馬の能力が低いため、活動を求めすぎた場合にはバランスの悪いプログラムになりえる状態

パターンC
①対象者の身体能力、②スタッフの対応能力、③引率者の期待値のバランスが悪いものの、馬の能力自体が高いため各レベルはその範囲内に収まる。スタッフ技術への不安や不満が③引率者らから出る可能性はあるものの、活動自体は大きな問題なくできる可能性がある状態

パターンD
①対象者の身体能力、②スタッフの対応能力、③引率者の期待値の各バランスが悪く、その中に馬の能力値以上のものがある。ピークに頼った意識過剰につながり、その結果、全体の調和が崩れる可能性を含む状態

一方で、3つのレベルが整っていたとしても、使用馬のセラピー適性が低すぎる場合にはパターンBの状態になり、三者がやりたい活動を強行するとリスクが伴います。パターンDはいずれかのバランスが馬の能力値を上回る状態であり、例図ではスタッフの能力値が高いケースを示しています。この場合でも、馬の能力値を考慮した範囲で活動を行えば安全に運営することは可能です。しかし、スタッフの能力値の上限にこだわった内容を活動に取り入れると、馬の力不足が発生したり、対象者が対応できるレベルや引率者の期待値を超えた活動となり、結果的に無理が生じる可能性があります。たとえ能力の高いスタッフが活動に加わったとしても、他の要素とのレベルをトータルで見極め、安全にプログラムを運営することを心がけることが大切です。

(2) 実施時における課題

　プログラムの実施段階では、馬、人、会場、経済性といった事柄について、それぞれが抱える課題を整理し、実施にあたっての困難を克服していく必要があります。

　馬については、どれだけセラピー適性の高い馬を手配できるかが重要ですが、その馬が引退競走馬であれば、サラブレッドの身体能力の高さと、それに伴う取り扱いのデリケートさを念頭に置かなければなりません。事故なく活動を終えるためには、人と共にする活動において十分な経験をもち、従順で安心感のある馬を選ぶことが大切です。しかし、このような馬は乗馬施設にもわずかな頭数しかおらず、確保が困難であると想像されます。セラピーにも使用できる適性を有した馬は、言い換えれば初心者にも扱いやすい馬であり、飼育施設での稼ぎ頭的な存在になり得るため、需要が高くなります。競技能力や運動能力の高い馬は施設の魅力となりますが、そのような馬の動きは、このプログラム内で求められるものと異なることが多いのです。人に優しいセラピー適性の高い馬として育てるトレー

ニングは、乗馬施設の営業力向上とリスク回避につながり、ホースセラピーへの対応力を高めることを、関係者に理解してもらうことが求められます。

　人については、対象者の心身の状態や抱えている生きづらさ、扱う馬の特徴や個性、ホースセラピーに関する全般的な注意事項などに対応できる知識や経験をもったスタッフを、必要数揃えられるかが課題です。馬と関わる活動場所が限られる今日の日本では、人と馬の両方の知識と経験を兼ね備え、ホースセラピーの提供者となれる人材は数少ないのが実情です。一個人の能力でこれらを満たすことが不可能であれば、人の身体や教育に関する専門家、馬を取り扱う専門家、活動をサポートするスタッフやボランティアによってチームをつくり、良好なコミュニケーションの中で対象者に活動を提供することが重要です。活動に関わる人それぞれで専門分野や知識レベル、経験値が異なるため、バランスや調和を保つことは容易ではありませんが、重要なのは対象者によりよい体験を提供することです。それを共通意識とし、その目的のために自分が何をできるか、何を他者にやってもらいたいかという相互理解を深めていくことが大切です。

　会場については、対象者が無理なく来られるロケーション、車の乗り入れの可否、対象人数を許容するスペース、休憩スペースや日陰、トイレなどの水回りの有無、馬の活動を安全に行う設備が整っているかなど、多くの要素を考慮しなければなりません。乗馬クラブや牧場など、馬のいる場所に人が出向くほうが実施に向けての敷居は低いですが、その場合はバリアフリーの設備が整っていないこともあり、事前の確認が必要です。また、交通手段やスタッフの確保が障壁になることもあります。逆に、対象者のいる施設に馬を連れてくる場合、馬にとっては不慣れな場所であり、心地よい環境とは限りません。そのため、よほど活動に慣れた馬でなければ不安定なプログラムになりかねません。実施にあたっては、実施会場のメリット・デメリットを総合的に判断し、安心して活動できる場所を選ぶこ

とが大切です。

　経済性については、活動の受益者＝対象者がすべての費用を負担する形であれば問題ありませんが、実際にはそれは難しいと考えられます。通常の乗馬レッスンでは、練習馬1頭と1人の指導者がいれば成立し、複数馬が同時に運動する「グループ（部班）レッスン」であれば、受講者同士で指導費用のシェアも可能です。しかし、ホースセラピーの場合には、馬の手配や調整の段階で通常の練習馬より手間がかかり、候補馬が限られます。さらに、活動をアシストするスタッフも指導者以外に複数人必要となります。日本での乗馬レッスンは利用者に相応の負担を求めるものですが、専用のスペースを確保したホースセラピープログラム1回あたりのコストはさらに増大します。このプログラムを対象者が負担できる価格帯で抑えるとなれば、経済性が上がらず、事業化には困難が伴います。

　とはいえ、この活動でなければ得られない貴重な体験があることは、現場に関わったことがある方ならば理解できるはずです。馬と過ごす時間が対象者にとってかけがえのないものであり、それを求める人がいるからこそ、福祉や教育関連のサービスとして実施されるケースも増えています。各種の助成や公的支援を得られれば経済基盤の安定に寄与しますが、社会の賛同を得るためには、より信頼される運営と安全な活動を行うことが求められます。

　これら4点の困難に加え、各種コストの増大によって我が国における馬の飼育および事業運営の環境が、年々厳しさを増している社会情勢にも目を向ける必要があります。

　馬の取得については、同レベルの調教度を有する乗用馬の国内取引相場は、引退競走馬を含め上昇基調が続いています。また、優秀な調教と体躯に恵まれた乗用馬を外国から輸入する場合、原油高や世界情勢の不安定さに伴う円安の影響を受け、一層のコスト高となり、馬の入手費用がさらに増大しています。

次に馬の飼養に必要な大量のエサ＝牧草も、北海道のような一部地域を除き、国内では自給できず、そのほとんどを輸入に頼っています。輸入チモシー*（牧草）の単価については、私が勤務する施設では2020年時と比較して50％以上の上昇となりましたが、その一方で馬を用いた事業収益を5割増やすことはできていません。これらから推測すると、国内の乗馬施設では収益性の悪化が進んでおり、さらにバランスが崩れると経営困難に陥るリスクを抱えていると考えられます。

　このように、深刻な背景を抱える馬事施設において、より手間とコストがかかる「ホースセラピー」を実施するには、経営基盤が安定しているか、強い動機と情熱をもった実行者が関わっていなければ難しいといえます。

（3）提案したいこと

　前段で整理したホースセラピーの実施における困難さは、我が国の馬事産業が抱える今日的課題ともいえます。馬の集積地である北海道でも、家族経営などの小規模施設の運営や事業継承は非常に困難となり、人手不足の深刻さも増しています。競馬産業ではすでに海外からの労働力に頼って運営しているのが現状です。馬は人に支えられ育ちますが、馬産業を支える人がいなくなれば、馬がいなくなり、ホースセラピー自体が成立しなくなります。これを防ぐためにも、「馬」に興味をもち、その活用に理解のある人を社会に増やすことが重要な取り組みであると考えています。その一つの方策が、法政大学における「人馬のウェルビーイング活動」です。

　人馬のウェルビーイング活動は、大学にとっては従来、馬術部活動に限られていた馬場施設の活用拡大につながります。法政大学では、所有する馬のほぼ全頭が引退競走馬であり、提携する北海道新冠町の錦岡牧場から

---

* **輸入チモシー**：海外から輸入されるチモシー草で、主に馬の主食として与えられる。栄養価が高く消化がよいため、馬の健康維持に適している。日本国内での生産が少ないため、輸入が一般的である。

寄贈を受けています。これらの馬は、JRAが監修する「引退競走馬のリトレーニング指針（サラブレッドの理解とグランドワーク）」を学んだ部員たちが、日々リトレーニングを行っています。経済的活動と一線を画する馬術部員が「人馬のウェルビーイング」という長期目標を掲げ、騎乗技術の研鑽に励みながらリトレーニングを行い、大学職員や一般者向けのふれあい活動時には、活動アシスタントとして参加します。自分たちがトレーニングした馬がふれあいの場面で活躍できることは、部員の励みにもつながります。こうした体制でのフィールドワーク提供は、馬術部に関わりのない学生らの潜在的な「馬」への興味を引き出し、馬の理解にもつながります。

　「馬」の存在が大学の教育現場で見直され、その利活用に関する知識を総合的に学習できるプログラムをつくることが、今後の大きな目標です。引退競走馬に対してリトレーニングを行う候補地の一つとして「大学馬術部」の可能性に目を向け、部活と馬のセカンドキャリアを両立させることができれば、ホースセラピーのプログラム提供の場としても活用される未来が拓けるかもしれません。

　そしてもう一つの提案が、「ウェルネス乗馬」という概念の共有です。「ウェルネス乗馬」とは、乗馬インストラクターという立場から、身体に障がいのある方や健康づくりに興味のある方に対して乗馬指導を含め、馬を用いたサポートを行う際の心構えを表した言葉です。

　人と馬のふれあい活動は馬がいる場所で行われますが、乗馬クラブなどの施設には、スポーツ・レクリエーションとしての「乗馬」の指導者がすでにいるはずです。そうした専門スタッフがこの考え方に共感し、障がいのある方や乗馬での健康増進を考える方、通常レッスンの受講に不安を感じている方、パラ馬術を目指す方なども指導対象として新たに取り入れることができれば、ホースセラピーの活動枠が広がる可能性があります。

　もちろん、実施の困難さは前述の通りであり、指導者はホースセラピー

全般や注意事項を学んでいることが必須です。対象者と事前に相談し、受け入れる環境を確認した後に、心身の状態と活動目的に合わせた馬を選びます。そしてその馬の限界を見極め、安全を第一に考えた実践を計画します。どこまでの活動ができるか、その限界をあらかじめ見通し、無理だと判断した場合には、対象者の気持ちを尊重しつつ、リスクを説明して回避することで、互いに納得できる範囲で活動を行うことができるはずです。

　周囲の影響を受けやすく、投入する馬も厳選する必要がありますが、私の勤務する乗馬クラブでは、2012年から15分～20分程度の「ウェルネス乗馬」というレッスン枠を設け、通常レッスンの合間や昼休憩といった馬場が空く時間帯を利用することで、既存営業との両立を実現し、これまでに650回以上のレッスンを実施してきました。こうした工夫は他の施設でも実現可能であると考えています。

　ホースセラピーの実施は簡単なことではありません。しかし、馬の活用の幅を大きく広げ、人と馬の幸せな関係づくりにつながる可能性を秘めて

○サラブレッドを用いた「ウェルネス乗馬」での乗馬シーン
　乗馬技術を習得し、単独で騎乗する技術がある方ならサラブレッドでの対応も可能に

車いすから移動し、馬に寄りかかってから騎乗する

騎乗後、右足を動かして首上から跨ぐ動作をすることに動じない

います。馬に携わる人々が、ホースセラピーを求める人々のニーズに真摯に向き合い、"ホースピタリティ"（馬によるおもてなしで相手を笑顔にするというホスピタリティ）の精神をもって関わることができれば、その活動はきっとスタートできると考えています。

引用・参考文献

- 畜産の研究　第65巻・第1号　特集「『馬の活用』―乗馬の楽しみとホースセラピーに目を向けて―」　養賢堂、2011年
    1）「馬とのふれあい文化の展望」局博一
    2）「馬をパートナーとした動物介在療法と大学教育」滝坂信一
    3）「ホースセラピー、特にRDA Japanの活動を中心に」近藤誠司・田中美穂
    4）「乗馬運動が人体に及ぼす好影響―ホーストレッキングが騎乗者の自律神経系に及ぼす生理的効果について―」松浦晶央
    5）「のぞみ牧場学園の乗馬セラピー」津田望・塚田光子
    6）「馬を介した地域社会の未来づくり」～馬のいる地域コミュニティ～芦内裕実
    7）「RDA横浜での実践例について」野口陽
- 8）特殊研B-190「動物とのふれあいに関する教育活動ガイドブック　馬と会いに行こう馬と仲良くなろう」独立行政法人国立特殊教育総合研究所、2005年
- 9）「馬によるセラピー活動のためのガイドブック～活動を安全に実施するために～」公益社団法人全国乗馬倶楽部振興協会、2019年
- 10）乗馬療育のためのガイドブック　特定非営利活動法人ピスカリ
- 11）ホースセラピーサポートブック　うまJAM
- 12）一般社団法人日本障がい者乗馬協会：https://jrad.jp/therapy/efficacy/
- 13）NPO法人日本アニマルセラピー協会：
    https://animal-t.or.jp/html/about-animaltherapy/more-animaltherapy.html
- 14）ホースセラピーねっと：https://www.horse-therapy-net.jp/whats/
- 15）乗馬メディアEQUIA：https://equia.jp/enjoy/post-10561.html
- 16）みんなの乗馬：https://www.minnano-jouba.com/therapy/
- 17）ライズ児童デイサービス：https://rise-media-kansai.com/know-how/4026/
- 18）Loveuma　馬だからこそ癒せる人がいる！医学的観点からみる可能性　精神科医・井上悠里：https://www.loveuma.jp/post/lm_230801
- 19）「馬の百科」小学館　監修　正田陽一、1982年

第5章 引退競走馬の活用とウェルビーイング

渕上真帆

　競走馬の引退は、馬の生涯における重要な転換点であり、その適切な管理は動物福祉の観点から極めて重要です。長年にわたり競馬界で活躍してきた馬たちは、引退後に新たな環境や生活様式への適応を強いられます。この過程で彼らが経験するストレスとウェルビーイング（幸福度）を理解し、適切に管理することは、獣医学、動物行動学、および動物福祉学の分野における重要な課題となっています。

　引退競走馬のウェルビーイングを評価するためには、多面的なアプローチが必要です。身体的健康、精神的状態、行動パターン、そして環境への適応性など、さまざまな側面を総合的に考慮する必要があります。本章では、主要な評価方法や最新の研究動向について見ていきます。

1 引退競走馬を取り巻くストレス要因

　引退競走馬は、その生活環境や日常的な活動が急激に変化することで、さまざまなストレスにさらされる可能性があります。これらのストレス要因は、大きく分けて環境的、社会的、身体的、心理的な要素に分類できます。

（1）環境的要因

　競走馬の引退後に最も顕著な変化の一つとしてあげられるのは、生活環境の変化です。競走馬の中には、若くして経験が少ないうちに引退するこ

とも少なくありません。そのような状況で、転用先の環境が変わることは、馬にとって混乱の要因の一つとなります。2歳馬を用いた研究では、新しい環境に対して敏感な反応を示すことが確認されており、特に個体ごとに馬房に入厩する馬は、ストレス反応が高いことが報告されています[1]。

表4　主な環境変化とそのストレス要因

居住スペースの変化	馬房の大きさの変化や給水方法ももちろん変化します。また空調設備の有無や変化も、転厩直後の馬は慣れるまでに時間がかかります
気候や地形の変化	異なる地域への移動は、気候や地形の変化をもたらします
騒音レベルの変化	競馬場の喧騒から静かな牧場への移行は、馬の聴覚環境を大きく変化させます
日常的なルーティーンの変化	給餌時間、運動時間、休息時間などの変更は、馬の生理的リズムに影響を与える可能性があります

(2) 社会的要因

競走馬は通常、厳密に管理された社会的環境で生活しています。引退後に新しい施設へ転厩し、新しい馬たちの群れに加わる際には、特に若い馬が攻撃的な行動を示すことがあります。また、若い馬は頻繁に異なる群れ（社会）に移されると、新しい群れに適応しにくいともいわれています[2]。

表5　主な社会的変化とそのストレス要因

同種間関係の変化	新しい群れに統合される過程では、社会的緊張や衝突が生じる可能性があります
人間との関係の変化	引退後は、馴染みのある騎手や調教師との関係が失われ、新しい管理者との関係構築が必要になります

(3) 身体的要因

競走馬の生活は、高強度の運動と厳密な管理下での飼育によって特徴づけられますが、引退後には身体的な要求が大きく変化します。その結果、

肥満になったり、代謝に影響が及ぶことがあります。これらの課題に対しては、さまざまな研究が行われています[3)4)5)]。

表6　主な身体的変化とそのストレス要因

運動量の急激な減少	急激な運動量の減少は、馬の代謝や消化器系に悪影響を及ぼす可能性があります
食事内容や給餌スケジュールの変更	不適切な食事管理は、消化器系の問題や代謝性疾患のリスクを高める可能性があります
体重の増加や筋肉量の減少	引退馬の適切な体重管理の重要性が強調されています

（4）心理的要因

　競走馬の生活は、トレーニングと競走に焦点を当てた、非常にシンプルで目的志向的なものです。引退後、乗用馬としてトレーニングを重ねることになりますが、複雑で多くの指示を一度に出されると、馬も当然困惑してしまいます。このように、トレーニングの方向性や難易度の調整が馬に適していない場合、慢性疲労からうつ症状を示すことが報告されています[6)]。

表7　主な心理的要因とそのストレスの影響

学習性無力感	一貫性のないトレーニングによって学習が阻害されると、馬が無気力な状態を示すことがあります
日常的な刺激の減少	競馬場や調教場での刺激的な環境から、より静かな環境への移行は、馬に退屈感や不安をもたらす可能性があります
新しい役割や期待への適応	引退後、馬は新しい役割に適応する必要があります

　これらの心理的要因に対しては、馬たちが学習を重ねて慣れることで、ストレッサーとしての刺激は徐々に少なくなっていきます。また、これは一貫したトレーニングの重要性を改めて示すものでもあります。

2 生き物がストレスを感じた時の反応

　馬たちはストレスを感じると、体内ではどのように反応しているのでしょうか。私たちは「ストレス」という単語を目にしたり耳にしたりすると、コルチゾールやセロトニンといった内分泌系の反応をイメージします。これらの物質が体内にどのような影響を及ぼすのか、まずはそこから整理していきましょう。

　ストレスホルモンとして有名なのがコルチゾールです。副腎皮質ホルモンであるコルチゾールは、HPA系（視床下部-下垂体-副腎系）の反応によって分泌されるとされています。脳が刺激を認知し、それをストレスと判断した場合、視床下部などの組織を経由して副腎皮質に刺激が伝わり、コルチゾールが放出されます。生物がストレス要因にさらされることは、HPA軸の活性化と関連しているため、コルチゾールの分泌はストレスの指標として多くの研究で用いられています。この血液中に放出されたコルチゾールは全身を巡るため、尿や唾液などからサンプリングすることが可能です。

　また、セロトニンなどの神経伝達物質も、ストレスとの関連が報告されています。セロトニンは気分や情動の調節にも関わっており、ストレス時にそのレベルが変化することが示唆されています。

　ほかにも運動ストレスとして代謝されるのが乳酸です。運動（トレーニング）によって筋組織が損傷を受け、その修復のために乳酸が使われます。トレーニングを含めた強い運動を行うと、筋繊維は少しずつ損傷します。そのため乳酸を使いながら修復を重ねることでより強い筋組織をつくっていきますが、この時に痛みを感じると筋肉痛になります。つまり、運動負荷というストレスがある程度かからなければ、筋組織は発達や維持もできず、衰えてしまいます。これは馬も人間も同じです。

ほかにも、自律神経系の変動が関与しています。興奮状態では交感神経系が活発になり、発汗や心拍数の増加、気管支の拡張といった反応が見られます。一方で、副交感神経の活動が優位になると、リラックスした状態となり、心拍数や呼吸数が落ち着いてきます。

3 生理学的指標によるストレス評価

コルチゾールを用いた馬のストレス評価に関する研究は非常に多く存在します。例えば、ストレスと学習の関係について、コルチゾールが影響しており、ストレスが低いほど学習が早く進むことが報告されています[7]。また、ストレスを評価する際にセロトニンを併せて測定することもあり、馬の慢性疲労の状態とセロトニンの関連性が研究によって示されています[8]。

さらに、ストレスと密接に関連しているのが免疫機能です。病原体から体を守る役割を果たす白血球などの免疫機能は、血中濃度を測定することでストレスの動態を推測する手段として用いられています。Giuseppeら（2010）は、競走馬のトレーニング強度と血液中の免疫機能に関する研究を行い、その結果、トレーニング距離が長くなるほど免疫機能が低下することを明らかにしました[9]。

引退競走馬たちは、慢性疲労の状態でセカンドキャリアへ移行することが多く、免疫機能も低下していると考えられます。このように、多くの研究によって競走馬たちが高い運動負荷にさらされていることが示されています。したがって、セカンドキャリアに入る前に適切な休養期間を設けることは、引退競走馬たちが心身ともにポジティブな状態でリトレーニングに臨むために重要であると考えられます。

しかしながら、生理学的指標を用いた健康状態のモニタリングには、さまざまな課題が伴います。例えば、血液サンプルの場合、採血時に痛みが

表8 主な生理学的指標と評価方法

採取方法	サンプル	評価方法
非侵襲	糞・尿・唾液	コルチゾールをはじめとしたホルモン物質を取り出すことができる。 タイムラグの考慮やクレアチニン補正の必要性がある 消化器管内の状態も把握できる
	心拍変動	ポータブルやウェアラブル端末による計測が可能。心拍数の変動だけでなく、自律神経活動を算出することができる
	体温	健康状態を示す基礎的な情報の一つ。サーモグラフィーによる長時間のモニタリングも可能になってきている
侵襲	血液	糞尿や唾液よりも正確であるが採取時に痛みを伴うため、量や回数を最低限にする必要がある 白血球数をはじめとした免疫機能など、血液でしか計れないものもある

生じることや、血管への負担があることがあげられます。また、採取した瞬間の反応しか確認できません。排泄物サンプルについても、採取と結果の間にタイムラグが生じますし、何より血液や排泄物のサンプルは専門機関での解析が必要なため、費用と時間がかかります。そのため、日々の行動観察が重要な手法となります。

4 馬の行動学とともに考える療養とリトレーニング

　Waranらの研究（2017）によると、馬の行動観察は精神的ウェルビーイングを評価する上で最も重要な方法の一つであるとされています[10]。また、他の研究でも支持されている行動観察の方法として、以下のような行動指標が用いられます。

　上記の行動は馬の典型的な感情表現であり、馬を取り扱う人であれば誰もが目にし、健康状態を把握するために観察するべきポイントです。

図3 行動観察で主に使われる項目

　また、馬群内での社会的関係の質がウェルビーイングに大きく影響することも示されています[11]。以下のような指標を用いて評価を行います。

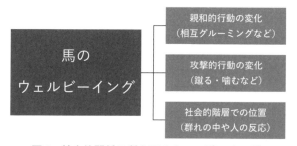

図4 社会的関係の質と馬のウェルビーイング

　これらの馬同士の安定した社会的関係は、良好なウェルビーイングを示す重要な指標となります。ほかにも、2歳の新馬を対象としたトレーニングにおいて、舎飼いよりも群牧の時間を多くとるほうがトレーニングの進行が早いという報告があります[12]。馬の成長段階に合わせた環境を整えることで、馬たちはより高いパフォーマンスを発揮して訓練に応えてくれるでしょう。

また、もう一つ忘れてはならないのが、馬と人との関係です。Hausbergerらの研究（2008）では、どのような馬とも良好な関係を築くためには、関係性の構築方法を学ぶことが大事であると述べています[13]。馬と人の関係を評価する際には、以下のようなテストを用いて評価を行います。

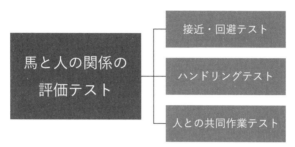

図5　馬と人の関係を評価するためのテスト

これらのテストにおける馬の反応は、全体的なウェルビーイングの重要な指標であり、トレーニングにおいて改善が必要な箇所を見つけるためにも役立ちます。

5　引退競走馬とウェルビーイング

引退した競走馬は、さまざまな課題を抱えながら新しい環境へと向かいます。競走馬が引退するきっかけとしては、筋骨格系のケガ、呼吸器系や心疾患、問題行動（不適合）などがあげられます[14]。このような課題を抱えた状態で行うリトレーニングには、身体的・精神的なストレスが伴うことを、私たちは意識しなければなりません。トレーニングにおけるストレスは、これまで述べたようにコルチゾールの変化などで多くの研究が行われています。

また、トレーニングを受けた乗用馬でも、競技の前後で血中コルチゾー

ル値が増加したという報告があります[15]。これは、馬たちが「競技会の前である」という状況を認識していることを示しています。

このように、引退競走馬たちは転用先での生活に合わせて、新しい環境に慣れることから始まり、自身が「転職」したことを理解しながら、さまざまなトレーニングを受けることになります。しかし、Cathrynneらの研究（2022）によると、高ストレス状態にある馬は新しいスキルの習得が困難になる可能性があるとされています[7]。これは、引退後の馬のキャリア転換や再訓練の成功率に影響を与える重要な要因となります。

経験や訓練に関する研究としては、Schmidtら（2010）は、輸送に不慣れな馬のストレス反応が回数を重ねることで減少することを報告しています[16]。つまり、適切な学習を通じて、馬はストレス要因に対して適切な反応と対処ができるようになるといえます。

そのため、私たちは馬のトレーニングにおいてさまざまな方法を取り入れてきました。これらの方法には経験的に確立されたものもありますが、研究によって裏付けされた方法も存在しています。

（1）関わる人を増やすための階的な移行

馬のトレーニングや快適な休息のためには、関わる人を段階的に増やしていくことが望ましいというのは周知の事実ですが、この事実が見落とされることがあります。その一例が、馬を取り扱う人のスキルの違いです。馬との活動において、経験者よりも初心者がケガなどの事故に遭いやすいことは、日本に限らず世界的な問題です。Ikingerらの文献調査（2016）によると、初心者はプロと比べて怪我をする確率が約8倍に上ることが報告されています[17]。引退直後や転厩直後の馬を受け入れる際には、新しい環境に馴染むまで、馬を取り扱う人のスキルだけでなく、馬と関わる人数にも注意を払う必要があります。

しかし、トレーニングに対する馬の習熟度やトレーニング方法を人間同

多くの人と活動できる期間

リトレーニングを受ける期間

新しい環境と担当者に
馴染むための期間

図6　新しい環境への馴らし方

士で共有し理解していれば、馬を取り扱うスキルに差があったとしても、馬はフレンドリーな状態で環境や人に馴染んでいくことができるでしょう。

（2）社会的交流の維持

　群れで飼育することのメリットとデメリットを整理するために、これまで多くの研究者がさまざまな角度から取り組んできました。グルーミングなどの自然な行動が増加し、問題行動が減少することや、トレーニングが順調に進むことなどから、馬が群れを形成することは飼育環境の向上において重要なポイントとなります。

　一方で、前述のように新しい馬を既存の群れに入れる際にはリスクも伴うことが指摘されています[2]。これらのことから、馬が社会的な交流を保つことはトレーニングの質の向上にもつながると考えられます。そのため、以下のポイントに注意しながら飼育するとよいでしょう。

- 可能な限り馴染みのある馬や人間との関係を維持すること

- 新しい環境でのグループ形成を促進すること
- 人間との積極的な交流時間を確保すること

上記の3つが馬の社会的交流とウェルビーイングのために必要なポイントといえます。

(3) 適切な運動プログラムの実施

引退後も、適切な運動量を維持することが重要です。特に引退競走馬は、それまで高い運動負荷のトレーニングを受けていたため、次の3点をバランスよく取り入れることが求められます。

- 徐々に運動量を調整し、急激な減少を避けること
- 新しい形態の運動（段階的な馬場馬術のトレーニングなど）を導入すること
- 自由な運動ができる放牧地の確保を用意すること

引退競走馬のリトレーニングに関する技術的な内容については、この章では取り扱わないため、詳細は割愛します。ただし、馬の福祉としてのウェルビーイングの観点から見れば、焦らずスモールステップでトレーニングを行うことが望ましいと考えられます。リトレーニングの過程では、引退競走馬たちは、これまで学習してきた内容とはほぼ真逆の学習を行うことになります。そのため、焦らずに各馬のペースを見極めることで、引退競走馬たちの福祉が向上していくでしょう。

(4) 栄養管理の最適化

馬の給餌に関する研究は現在も続けられており、馬の肥満が課題となっているイギリスの調査では、飼育者に対して以下の点での知識が求められ

るとされています[18]。

- 餌の配合に関する側面（栄養バランス等）
- 飼料分析の価値への理解
- 粗飼料の種類と配合の割合

また、これまで知られている馬の給餌に関する基本的な事項として、給餌回数をできるだけ増やすことや、餌の変更時には段階的に移行することなどは、すでに多くの現場で実践されているといえるでしょう。

(5) 環境エンリッチメント

競技馬や乗用馬と同様に、環境エンリッチメントが引退競走馬のストレス軽減に効果的であることが示されています。

- 繊維質の餌を多く与える
- パドックでの運動を増やす
- 放牧の時間を増やす
- 社会的接触を増やす

日本における飼育方法では、馬たちは普段は馬房で個別に過ごすことが多いと思います。しかし、馬はもともと群れで生活する動物であるため、仲のいい馬を見つけて一緒にリフレッシュできる時間を提供できれば、よりよい環境となるでしょう。仲のいい馬を見つけるまでの間にケガのリスクなどもありますが、可能であれば群れで放牧できる環境を整えることで、より馬の自然な行動に即した休養をとることができます。もちろん、一頭で過ごす時間を好む馬もいますので、個体に合った社会的交流方法を提供できるよう工夫することが重要です。

6 日頃からできるウェルビーイングの評価法

　ストレスに関する論文を見ると、血液検査をはじめ糞や唾液など専門的な方法を用いた評価が主となります。実際に馬を飼育している現場としては、身近な評価方法ではありません。では、現場ができることは何があるのか、どのように使えばいいのか、不安になるかもしれませんが、実はその手立てはたくさんあります。引退競走馬のウェルビーイングを適切に評価するためには、複数の方法を組み合わせた総合的なアプローチが必要です。以下に、主要な評価方法とその意義について説明します。

(1) 行動観察

　前述のとおり、行動観察は馬のウェルビーイングを評価する上で、最も基本的かつ重要な方法の一つです。異常行動や常同行動の存在は、馬のストレスや不適切な飼育環境を示す重要な指標であり、現在も多くの研究が続けられています[19]。代表的な常同行動としては、柵癖（グィッポ）*やゆう癖**などがあげられます。これらの行動が馬の健康に悪影響を与えることは、馬に関わるほとんどの人が耳にしたことがあるでしょう。

　日本における馬の飼育環境では、ほとんどの馬が個体ごとに馬房内で過ごし、仕事以外ではほとんど外に出る機会がないのが現状です。外に出たとしても、個別のサンシャインパドック***で自由時間を過ごすことがほと

---

　* 柵癖（グィッポ）：馬が首を上下に振る癖で、退屈やストレスから発生することがある。放置すると健康に影響を及ぼす場合があり、適切な管理が必要である。馬の心理状態の表れとされるため、注意深く観察することが求められる。
　**ゆう癖：馬が自分の歯や壁をかじる癖で、ストレスや退屈が原因とされる。放置すると歯や健康に悪影響を及ぼすため、管理や予防が必要である。馬の生活環境やストレスの軽減が大切である。
　***サンシャインパドック：日光を浴びながら馬が自由に動き回ることができる運動場である。馬の健康維持やリラックスに役立ち、外気を感じながら心身をリフレッシュさせるために使用される。

んどでしょう。しかし、馬は群れで過ごす生き物であり、社会的相互作用を本能的に求める傾向があります。例えば、一般的な社会的行動として知られるグルーミングは、馬同士の関係性を示すサインであり、馬同士の社会的相互作用を観察する上でわかりやすい行動の一つです。

観察すべき主な行動としては、常同行動（木食い、柵癖など）、社会的相互作用、探索行動、休息パターン、採食行動があげられます。これらの評価方法としては、主に直接観察、ビデオ観察、エソグラムの3つの方法が用いられています。

表9　行動観察における主な評価方法

評価の種類	評価方法
直接観察	訓練された観察者による敵機的*な行動観察
ビデオ観察	24時間の行動パターンを分析するためのビデオ監視
エソグラム	特定の行動の頻度や持続時間を記録する詳細な行動目録

馬房に取り付けるビデオは、インターネットを通じて遠隔地からアクセスできるものもあり、とても便利です。また、牛を対象とした大型家畜用のデバイスには、尾の付け根に巻き付けるだけで寝起きの姿勢変化を感知し、体温や心拍数を計測できるものもあります。もちろん、これらのデバイスを馬に特化させるためには、まだまだ開発が必要ですが、昨今のIT技術の発展の速さを考えると、可能性は十分にあります。また、スマートフォン用のアプリケーションでは、端末に内蔵された加速度センサーやGPS機能を用いて、馬の動きや運動量を予測できるものもあります。

しかし、IT機器の導入には費用がかかるため、コストを抑えつつこれらの行動を記録する手段として、機械を使わない方法も検討する必要があ

＊**敵機的**：馬が外的刺激に対して敏感で驚きやすい性格をもつことを指す。慎重な対応とトレーニングが必要であり、騎手との信頼関係が重要である。特に騎乗者には配慮が求められる性質である。

ります。その一つが日報です。馬の日常的な管理者や獣医師による主観的な評価は、馬のウェルビーイングを総合的に理解する上で貴重な情報源となります。Dalla Costaら（2014）は、馬のウェルビーイング評価のための標準化された質問紙（日報）の開発と検証を行っています[20]。主な調査項目は以下のとおりです。

- 馬の全般的な健康状態の評価
- 行動の変化に関する観察
- 食欲や飲水量の変化
- 社会性や人間との関わりの質

　これらのツールを用いて日報を記録することで、経験の浅いスタッフでも観察すべき点や評価の度合いを適切に理解することができます。また、過去の記録を分析することで、ケガや体調不良の予測が可能になるだけでなく、これまで「経験」として可視化されていなかった基準を明確にすることができます。さらに、施設内での共通の尺度を設けることで、多言語を用いたコミュニケーションが必要な場合でも情報共有が円滑に行えます。特に、数値を用いた記録であれば、なお効果的でしょう。各施設の方針に沿った適切な記録を取ることは、馬の福祉向上に向けた「傾向と対策」に役立つと考えられます。

　「行動の変化に関する観察」は、馬と個々の人間との関係性を評価するだけでなく、馬のトレーニングが広く応用されているか（汎化されているか）を確認する上でも非常に有効です。馬の取り扱いに熟練した人は、馬との間合いを上手に取りながらコミュニケーションを図ることができますが、初心者や高齢者、子どもなどの不特定多数に対しても、トレーナーと同じように馬が適切に動けるかどうかを、馬介在サービスを提供する側は客観的に判断する必要があります。その際、馬を扱う人が学ぶ必要がある

のか、馬のトレーニングが未達成なのか、あるいは両方に課題があるのかを適切に見極め、改善に向けた取り組みを行いたいものです。

(2) 定期的な健康診断

人間と同様に、馬にも定期的な健康診断を実施することが有用であるとされています。McGowan（2011）の研究では、高齢馬の長期的な健康管理の重要性が強調されており、特に運動器系の問題に注意を払う必要があると指摘されています[21]。健康評価の主な要素は以下のとおりです。

- 定期的な獣医学的検査
- 体重モニタリング
- 歯科チェック
- 蹄の状態評価
- 血液検査

日本でも「馬の歯医者」の認知度が上がってきました。嚙み合わせは消化吸収だけでなく、ハミなどの馬具との相互作用にも影響を与えます。これまであげてきた健康評価の項目は、獣医師によるものだけでなく、装蹄師や日々の管理に携わっているスタッフの観察や記録によっても実施可能です。

日報を活用する際のデメリットとしては、記録作業が増えることがあげられますが、簡単な記述や数値化による記録でも、十分なデータの蓄積となり、傾向と対策を立てる際に有用です。負担が少ない形で段階的に導入することが重要であり、継続的なデータ収集が効果的な健康管理の基盤となるでしょう。

7 引退競走馬のウェルビーイングとその課題

　トレーニングにおけるさまざまなストレスは、新馬においても引退競走馬においても同じです。馬たちは、人が出す扶助の意味をトレーニング中に繰り返し学習し、理解していきます。初めて見る場所、初めて装着される道具、競走馬時代とは異なる馬場の環境など、馬たちは新しい刺激を認知し、それに対処する方法を経験し、学んでいく必要があります。これらのプロセスを経て、馬は人から求められるパフォーマンスを返すことで褒められ、ポジティブな経験を積み重ねて成長し、自身の仕事を理解していきます。

　また、競走馬を引退し乗用馬などへ転用する際には、しっかりとした休養期間を設け、健康診断を行うことが必要です。しかし、必要な期間や費用は個体によって大きく異なります。さらに、馬を取り巻くさまざまな社会的課題を整理し、解決していくことも、人と馬のよりよい共生社会を目指すために重要なポイントです。トレーニングの質や量と同様に、休養や健康管理の重要性についても、さまざまな方法でデータを蓄積し、それを活用することの意義が認識されつつあります。

　これまで述べてきたように、引退競走馬のウェルビーイング評価に関する研究は進展していますが、いくつかの重要な課題はまだ残されています。

(1) 個体差への対応

　馬の個性や過去の経験によって、ウェルビーイングの指標は異なる可能性があります。Visserら (2001) は、馬の個々の気質と行動について、普遍的な気質とトレーニングによって学習される変化しうる気質の2種類が存在すると述べています[22]。

(2) 長期的な追跡調査

引退後の馬の長期的なウェルビーイングの変化を追跡する縦断的研究は、現在のところ十分には行われていません。このような研究は、引退プログラムの有効性を評価し、長期的な管理戦略を立案する上で重要な示唆を与える可能性があります。馬の飼育現場には、実は多くの科学的根拠が隠されているのです。臨床と研究が連携して取り組むことで、この分野のさらなる発展が期待されます。

(3) 非侵襲的評価方法の開発

ストレスを最小限に抑えつつ、正確な評価を行うためには、非侵襲的な評価方法の開発が求められています。例えば、画像解析技術を用いた遠隔での行動評価や、ウェアラブル端末による心拍変動や体温の記録などが考えられます。さらに、これらのデータと併せて気象条件を含めた環境の記録を行うことも、ウェルビーイングの予測や管理に大いに役立つでしょう。

(4) 文化的・地域的差異の考慮

馬に限らず、ペットや家畜（産業動物）の飼育におけるウェルビーイン

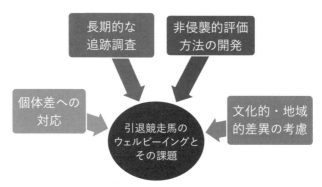

図7　引退競走馬のウェルビーイングとその課題

グの概念や評価基準は、文化や宗教、地域によって異なる可能性があります[23]。そのため、日本の文化や地域性を考慮した独自のウェルビーイング基準を確立することが求められます。特に、日本の夏は高温多湿であり、人馬共に熱中症のリスクが高くなります。また、日本は地理的に広大な平地を確保することが難しく、飼料などの確保もその大半を輸入に依存している状況です。そのため、日本の風土や各施設の特性に合った最適な飼育方法を模索し、基準を整備していくことが重要です。

　これらの課題を解決していくためには、現場と研究者が連携し、協力することが必要不可欠です。また、社会的な課題として適切な情報をもとに発信し、社会全体の理解と協力を得ることも重要です。

8　引退競走馬の活用とウェルビーイングのために

　人と動物の関係学における世界的な団体であるIAHAIO（The International Association of Human-Animal Interaction Organizations）が発表している、馬介在活動に関する白書（2021）では、馬の福祉やトレーニングにおいて、馬に関する知識だけでなく、人間が馬に対して学び続けることの重要性が強調されています。そして、白書には次のような文言が記載されています。

> There should be a plan in place for each horse who is not appropriate for services at any point for either physical or psychological reasons. The plan should not compromise the horse's health and welfare further and may include transfer to a more appropriate setting with careful attention to potential risks and suffering that could arise from the transfer.[24]

馬を取り扱う人は、目の前の馬が抱える精神的および身体的な課題を適切に理解し、トレーニングや活動計画を立てた上で、環境に適した管理を行う必要があります。もし、その環境や条件が馬の適性に合わない場合は、より適した施設へ転厩することも選択肢として考えなければなりません。そのため、馬を管理する側としては、現状に満足することなく、常に新しい知見を求め、スキルアップを図る姿勢が求められます。

　「馬のストレス」という言葉は、すぐに批判的なイメージを連想させますが、ストレスの適切な管理は馬の成長にもつながります。重要なのは、馬が感じるストレスを正しく見極め、過度な負担をかけないように調整し、個体に適したリフレッシュの機会を提供することです。もちろん、馬の管理をしている人々の負担が大きすぎる場合には、馬と人双方のQOL（生活の質）を維持することは難しくなります。馬にとって最適な環境と人手のバランスを見極めつつ、ICT技術の導入や新たな知見を取り入れ、馬の取り扱いスキルの向上に努めることができれば、馬たちは健康的な動きや豊かな感情を示し、人馬一体となった素晴らしい時間を私たちに提供してくれるでしょう。

引用・参考文献

1) The effect of two different housing conditions on the welfare of young horses stabled for the first time. E. Kathalijne Visser, Andrea D. Ellis, Cornelis G. Van Reenen. 2008年, Applied Animal Behaviour Science, ページ: 114 (3-4), 521-533.
2) Effects of repeated regrouping on horse behaviour and injuries. **Janne Winther Christensen, Eva Søndergaard, Karen Thodberg, Ulrich Halekoh.** 2011年, Animal Behaviour Science, ページ: Volume 133, Issues 3-4, 199-206.
3) Equine metabolic syndrome. **Nicholas, Frank and Geor, Raymond J and Bailey, SR and Durham, AE and Johnson, PJ.** 2010年, Journal of veterinary internal medicine, ページ: 24(3), 467-475.
4) Review: Feeding conserved forage to horses: recent advances and recommendations. P. A. Harris, A. D. Ellis, M. J. Fradinho, A. Jansson, V. Julliand, N. Luthersson, A. S. Santos And I. Vervuert. 2016年, Cambridge University Press, ページ: 11(6): 958-967.

5) Increased body fat content in horses alters metabolic and physiological exercise response, decreases performance, and increases locomotion asymmetry. **Jansson, A. and Gunnarsson, V. and Ringmark, S. and Ragnarsson, S. and Söderroos, D. and Ásgeirsson, E. and Jóhannsdóttir, T. R. and Liedberg, C. and Stefansdottir, G.A.** 2021年, Physiological Reports, ページ: 9(11). https://doi.org/10.14814/phy2.14824.

6) Is There Evidence of Learned Helplessness in Horses? **Hall, C., Goodwin, D., Heleski, C., Randle, H., & Waran, N.** 2008年, Journal of Applied Animal Welfare Science, ページ: 11(3), 249-266.

7) The effect of stress and exercise on the learning performance of horses. **Cathrynne Henshall, Hayley Randle, Nidhish Francis & Rafael Freire.** 2022年, Scientific Reports, ページ: 12.1.1918.

8) Cortisol, adrenocorticotropic hormone, serotonin, adrenaline and noradrenaline serum concentrations in relation to disease and stress in the horse. **Ignacio Ayala, Nieves F. Martos, Gema Silvan, Candido Gutierrez-Panizo, Jose G. Clavel, Juan Carlos Illera.** 2012年, Research in Veterinary Science,, ページ: 93 (1), 103-107.

9) Haematological and haematochemical responses to training and competition in standardbred horses. **Giuseppe Piccione, Stefania Casella, Claudia Giannetto, Vanessa Messina, Vincenzo Monteverde, Giovanni Caola & Sergio Guttadauro.** 2010 年, Comp Clin Pathol, ページ: 19, 95-101.

10) What we can measure, we can manage: The importance of using robust welfare indicators in Equitation Science. **Natalie Waran, Hayleyn Randle.** 2017年, Animal Behaviour Science, ページ: ISSN 0168-1591.

11) Social interactions of unfamiliar horses during paired encounters: Effect of pre-exposure on aggression level and so risk of injury. **Elke Hartmann, Janne Winther Christensen, Linda J. Keeling,Janne.** 2009年, Animal Behaviour Science, ページ: Volume 121, Issues 3-4, 214-221.

12) Behavioral and physiological responses of horses to initial training: the comparison between pastured versus stalled horses. **Rivera, E., Benjamin, S., Nielsen, B., Shelle, J., & Zanella, A. J.** 2002年, Applied Animal Behaviour Science, ページ: 78(2-4), 235-252.

13) A review of the human–horse relationship. **Martine Hausberger, Hélène Roche, Séverine Henry, E. Kathalijne Visser.** 2008年, Animal Behaviour Science, ページ: Volume 109, Issue 1, 1-24.

14) Appraising the Welfare of Thoroughbred Racehorses in Training in Queensland, Australia: The Incidence, Risk Factors and Outcomes for Horses after Retirement from Racing. **Crawford, Kylie L. and Finnane, Anna and Greer, Ristan M. and Phillips, Clive J. C. and Woldeyohannes, Solomon M. and Perkins, Nigel R. and Ahern, Benjamin J.** 2021年, Animals, ページ: 11(1), 142.

15) Cortisol release and heart rate variability in sport horses participating in equestrian competitions. **Mareike Becker-Birck, Alice Schmidt, Juliane Lasarzik, Jörg**

Aurich, Erich Möstl, Christine Aurich. 2013年, Journal of Veterinary Behavior, ページ: Volume 8, Issue 2, 87-94.

16) Cortisol release, heart rate, and heart rate variability in transport-naive horses during repeated road transport. A. Schmidt, S. Hödl, E. Möstl, J. Aurich, J. Müller, C. Aurich. 出版地不明 : Domestic Animal Endocrinology, 2010年, Domestic Animal Endocrinology, ページ: Volume 39, Issue 3, 205-213.

17) Factors Influencing the Safety Behavior of German Equestrians: Attitudes towards Protective Equipment and Peer Behaviors. **Christina-Maria, Ikinger and Baldamus, Jana and Spiller, Achim.** 2016 年, Animals, ページ: 6, 14. https://doi.org/10.3390/ani6020014.

18) Where Are We Now? Feeds, Feeding Systems and Current Knowledge of UK Horse Owners When Feeding Haylage to Their Horses. **Moore-Colyer, Meriel and Westacott, Amy and Rousson, Lucile and Harris, Patricia and Daniels, Simon.** 2023 年, Animals, ページ: https://www.mdpi.com/2076-2615/13/8/1280.

19) Is observation of horses when they are outdoors adequate for detecting individuals with abnormal behaviour? **Ewa Jastrzębska, Karolina Wytrążek, Bernadette Earley, Aleksandra Górecka-Bruzda.** ISSN 0168-1591 : Animal Behaviour Science, 2024. ページ: ISSN 0168-1591.

20) Equine on-farm welfare assessment: A review of animal-based indicators. **Dalla Costa, E., Murray, L., Dai, F., Canali, E., & Minero, M.** 2014年, Animal welfare, ページ: 23(3), 323-341.

21) Welfare of Aged Horses. **Catherine McGowan.** 2011 年, Animals, ページ: ISSN = |2076-2615|.

22) Quantifying aspects of young horses' temperament: consistency of behavioural variables.. **E.K Visser, C.G van Reenen, H Hopster, M.B.H Schilder, J.H Knaap, A Barneveld, H.J Blokhuis.** 2001年, Animal Behaviour Science, ページ: Volume 74, Issue 4,Pages 241-258,ISSN 0168-1591..

23) International perceptions of animals and the importance of their welfare. **Sinclair Michelle, Lee Natasha Y. P. , Hötzel Maria José , de Luna Maria Catalina T. , Sharma Arvind , Idris Musadiq , Derkley Tessa , Li Congcong , Islam Mohammad Ariful , Iyasere Oluwaseun S. , Navarro Grisel , Ahmed Abdelkareem A. , Khruapradab Chanad.** 2022 年, Frontiers in Animal Science, ページ: DOI=10.3389/fanim.2022.960379.

24) IAHAIO international guidelines on care, training and welfare requirements for equines in equine-assisted services. **The International Association of Human-Animal Interaction Organizations.** 2021年. ページ: https://iahaio.org/wp/wp-content/uploads/2021/02/feb21-final-guidelines-equine-care-welfare-training-and-handling.pdf.

第6章 大学の教育プログラムとなった人馬のウェルビーイング

高見京太

　法政大学は、2014年度に文部科学省のスーパーグローバル大学創成支援事業（SGU）に採択されました。この事業は「課題解決先進国日本からサステイナブル社会を構想するグローバル大学の創成」を構想として掲げ、「大規模私大グローバル化モデル」「サステイナブル社会」「課題解決型フィールドワーク」「世界のどこでも生き抜く力」「学生協働のグローバル展開」をキーワードに推進されました。その一環として、「世界のどこでも生き抜く力を備えたフロントランナーを育成する教育プログラム」を達成するための全学共通教育プログラムとして、「課題解決型フィールドワーク」が設置されました。

　また、2018年12月には、法政大学全体としてSDGs達成に向けた取り組みをより加速させるため、「法政大学におけるSDGsへの取り組みに関する総長ステイトメント」が発表されました。そして、SDGsに法政大学ならではの貢献をプラスするという意味を込めた「法政大学SDGs＋（プラス）プログラム」の中に「課題解決型フィールドワーク」が名称も新たに「課題解決型フィールドワーク for SDGs」として位置づけられました。

　「課題解決型フィールドワーク for SDGs」には、学部を超えた専任教員同士を繋げる「授業間ジョイント活動型」と、専任教員が学外の団体や企業、自治体と共同でフィールドワークを行う「プロジェクト型」の2種類があり、いずれも公募制で、応募された企画から学内委員会による選考が行われました。その中で、人馬のウェルビーイング研究チームはJRA日本中央競馬会との共同企画を構想し、2020年度の「プロジェクト型」に

応募、採択されました。こうして、2021年3月15日から18日にかけての4日間、『ヒューマン＆ホースウェルフェア〜競走馬のリトレーニングから、ホースセラピーへ繋ぐ取組み〜』という集中講義が、正課授業として実施されることとなりました。

この科目は受講した学生から高い評価を受け、翌年度以降も人馬のウェルビーイング関連の授業開講が続きました。2024年度に科目の位置づけが「全学共通教育プラットフォーム　社会連携教育科目」に変更された後も、関連授業を継続して開講しています（表10）。

表10　これまで開講された人馬のウェルビーイング関連の教育プログラム

1.	2020年度　スプリングセッション（2021年3月15日から18日） 課題解決型フィールドワーク for SDGs 『ヒューマン＆ホースウェルフェア〜競走馬のリトレーニングから、ホースセラピーへ繋ぐ取組み〜』
2.	2021年度　スプリングセッション（2022年3月14日から16日） 課題解決型フィールドワーク for SDGs 『すべての「人馬」に健康と福祉を〜引退競走馬のリトレーニングを人と馬の幸福に繋ぐ取り組み〜』
3.	2022年度秋学期（講義：14回、フィールドワーク1回） 課題解決型フィールドワーク 『競馬とウェルビーイング』
4.	2023年度　オータムセッション（2023年9月13日、14日、19日） 課題解決型フィールドワーク for SDGs 『引退競走馬のセカンドキャリア構築による人馬のウェルビーイング』
5.	2023年度秋学期（講義：14回、フィールドワーク2回） 課題解決型フィールドワーク 『スポーツビジネスとしての競馬がもたらす人馬のウェルビーイング』
6.	2024年度　サマーセッション（2024年8月5日から7日） 社会連携フィールドワーク 『引退競走馬のセカンドキャリア構築による人馬のウェルビーイング』
7.	2024年度秋学期（講義：14回、フィールドワーク2回） 社会連携講座（アドバンス） 『スポーツビジネスとしての競馬がもたらす人馬のウェルビーイング』

1 課題解決型フィールドワークfor SDGs、社会連携フィールドワーク

(1)「人馬のウェルビーイング」をテーマとして開講

　法政大学における「人馬のウェルビーイング」をテーマとして開講した最初の科目として、『ヒューマン＆ホースウェルフェア～競走馬のリトレーニングから、ホースセラピーへ繋ぐ取組み～』（表10-1）が、2021年3月に法政大学多摩キャンパスで開講されました。以下に、シラバスに掲載した①授業の概要と目的、②到達目標、③授業内容を示します。

①授業の概要と目的

> 　ホースセラピーとは、動物と触れ合うことで内在するストレスの軽減や自信の回復を通じて、精神的な健康の改善を図ることが期待される動物介在療法の一つです。また、リトレーニングとは、引退した競走馬が乗用馬として再び活躍できるよう支援し、馬のセカンドキャリアを開く活動を指します。
> 　我が国では、人馬の福祉と経済活動の両立が容易ではなく、これらの取り組みは欧米諸国に比べて遅れているのが現状です。
> 　本授業では、講義によって日本の現状と課題を理解し、フィールドワークを通じて多摩キャンパスの自然の中でリトレーニングやホースセラピー、パラ馬術を実践し、その知識と技術を学びます。また、「馬と触れ合うことでの癒し」や「スポーツに取り組むことでの充実感・達成感」を体感しながら、学びを通して人馬の福祉を繋ぎ合わせ、相乗効果をもたらす手立てを探り出すことを目指します。
> 　さらに、パラスポーツへの機運が高まっている現状を踏まえ、ダイ

バーシティの推進を課題に掲げ、これらの解決に取り組むことを目的としています。

②到達目標

- ホースセラピー、パラ馬術、リトレーニングについて理解する。
- 馬の扱いに関わる基本的な技術を身につける。
- 人と馬の福祉を繋ぎ合わせ、相乗効果をもたらす手立てを議論して、一定の方向性を見出す。

③授業内容

	テーマ	内容
1日目	ガイダンス	本授業の概要と目的、到達目標を確認し、フィールドワークの実施内容およびグループ活動の進め方を理解する。フィールドワークに主体的に取り組むための学問的背景と実践的な意義を把握する。
	馬とホースセラピーの基礎知識	「馬」および「引退競走馬のリトレーニング」や「ホースセラピー」に関する基礎知識を学ぶ。馬と人との関係性を歴史的、文化的観点から理解し、ヒューマン＆ホースウェルフェアの概念が形成された背景について考察する。
	フィールドワークⅠ	馬への騎乗体験を通じて、馬の行動や習性、馬がもたらすリラクゼーション効果について理解を深める。馬と直接接することで、馬の生理的・心理的な特性を体感する。
2日目	パラリンピック馬術競技の意義と国内の現状	パラリンピック馬術競技がもつリハビリテーション効果と社会的意義について学び、国内での普及状況や支援体制を理解する。障害者スポーツの一環としての役割についても考察する。
	福祉現場から考察するホースセラピーの可能性	福祉の観点からホースセラピーの適用可能性について考察する。福祉施設での馬の活用事例をもとに、馬と人の相互作用が心身の癒しにどう繋がるかを学ぶ。
	フィールドワークⅡ	アイマスクを装着して、視覚が制限された状況での環境認識について理解を深める。視覚障害者が日常生活や活動で、どのような感覚の変化を体験するかを学ぶ。

2日目	フィールドワークⅢ	アイマスク騎乗を通じて、サポートの重要性や安全管理について理解を深める。視覚が制限された状態で馬に乗る際の技術や、乗馬がもたらす心理的・身体的効果についても考察する。
3日目	サラブレッド生産牧場と大学馬術部との連携	サラブレッドの生産牧場と大学馬術部との連携の仕組みを学び、産学協同の意義と可能性について考察する。サラブレッドの生産・リトレーニングの現状や、大学馬術部活動を通じて学生がどのようにサラブレッドと関わるかについて理解を深める。
	JRAの馬事振興事業	JRA（日本中央競馬会）が推進する馬事振興事業の概要を学び、その目的と意義について理解する。特に引退競走馬のリトレーニングや馬文化の発展を目指した具体的な取り組みについて考察する。
	JRAが推進する引退競走馬のリトレーニング	JRAが引退競走馬のリトレーニングに取り組む意義とその実態について学ぶ。競走馬が競技生活を終えた後に新たな役割を担うためのプロセスや、リトレーニングを通じてどのように第二のキャリアが形成されるかを理解する。
	フィールドワークⅣ	引退競走馬の基礎的な調教手法であるグラウンドワークを観察し、馬とのコミュニケーションや信頼関係の構築方法について理解を深める。グラウンドワークの基本的な技術や手法について、観察を通じて学ぶ。
	フィールドワークⅤ	引退競走馬とのグラウンドワークを実際に体験し、馬との関わり方や調教手法を身につける。馬と人の相互関係を体感し、引退競走馬に対するリトレーニングの意義について深く理解する。
	課題解決への提言	本授業で学んだ内容を振り返り、課題解決に向けた具体的な提言をグループごとに発表する。引退競走馬の活用とホースセラピーが社会に与える影響について、実際のデータや経験を基に提案をまとめる。

4日目は、希望者を募って体験乗馬を実施した。

④実施の振り返り

　法政大学として初めて開講されたこのテーマの科目において、どの程度の受講者が集まるか不安もありましたが、3キャンパス11学部から41名の履修登録があり、「馬」への関心が学内全体に広く存在していることが明らかになりました。授業の詳細につきましては、法政大学のWebサイトに掲載されている以下のページをご覧ください。

「多摩キャンパス」
　↳「地域連携」
　　↳「人馬のウェルビーイング」
　　　↓

課題解決型フィールドワーク for SDGs ヒューマン＆ホースウェルフェア〜競走馬のリトレーニングから、ホースセラピーへ繋ぐ取組み〜（2021年3月30日掲載）

（2）すべての「人馬」に健康と福祉を

　前年の授業が好評であったことから、翌年の2022年3月に、授業の到達目標を踏襲し、馬そのものの特性についての学びを充実させ、さらに体験乗馬だけでなく、馬房作業の体験も追加した『すべての「人馬」に健康と福祉を〜引退競走馬のリトレーニングを人と馬の幸福に繋ぐ取り組み〜』（表10-2）を実施しました。以下に、その授業内容を示します。

①授業内容

	テーマ	内容
1日目	ガイダンス	本授業の概要と目的、到達目標を確認し、フィールドワークの実施に向けたグループ分けを行う。学生が主体的に取り組むための全体の流れや留意点について説明し、フィールドワークの意義を共有する。
	乗馬の基礎知識	「馬」や「引退競走馬のリトレーニング」、そして「ウェルビーイング乗馬」に関する基礎知識を学ぶ。馬との関係性や、乗馬が人の心身の健康に与える影響について考察し、ウェルビーイングの視点からの乗馬の意義を理解する。
	フィールドワークⅠ	馬への騎乗と厩舎作業を体験し、馬の生態や行動、調教方法について理解を深める。馬と直接関わることにより、馬との信頼関係の重要性を体感し、馬にとっての快適な環境づくりについても考察する。
2日目	パラリンピック馬術競技の意義と国内の現状	パラリンピック馬術競技がもつリハビリテーションや社会的包摂の意義を学び、国内における競技の普及状況とその課題について理解する。障害者の参画機会を広げるための取り組みや現状についても考察する。

2日目	ウェルビーイング乗馬と障害者の参画の可能性	ウェルビーイング乗馬が障害者に提供する機会と、その社会的意義について理解する。ウェルビーイング乗馬を通じたリハビリテーションや心身の癒しの効果について考察し、障害者が積極的に参画できる乗馬活動の可能性を探る。
	フィールドワークⅡ	ウェルビーイング乗馬の具体的な実施方法について考察し、どのようにして障害者が安全に乗馬を体験できるかを学ぶ。乗馬におけるサポート技術や、個々のニーズに合わせた配慮方法についても理解する。
	フィールドワークⅢ	サラブレッドとハフリンガーの特性を比較し、それぞれの品種がもつ特性がウェルビーイング乗馬にどのように寄与するかを理解する。品種ごとの行動特性や適性について学び、乗馬体験がもたらす違いについて考察する。
	グループディスカッション	これまでの授業内容を振り返り、グループごとに理解を共有する。これまで学んだことを基に、ウェルビーイング乗馬や障害者参画における課題や改善点を探り、今後の活動に向けた視点を得る。
3日目	サラブレッド生産牧場と大学馬術部との連携	サラブレッド生産牧場「株式会社錦岡牧場」と法政大学体育会馬術部との連携の仕組みについて理解する。産学連携による競走馬リトレーニングの取り組みや、学生が馬に関わる機会の意義について考察する。
	リホーミングプログラム	国際的なレーシングステーブルであるゴドルフィンが進める「リホーミングプログラム」について学ぶ。引退競走馬のリホーミングに向けた支援活動の内容や意義を理解し、社会的な取り組みとしての価値について考察する。
	JRAの馬事振興事業	JRA（日本中央競馬会）が推進する馬事振興事業について学び、引退競走馬が第二のキャリアをもつための支援の仕組みを理解する。馬産業や地域社会への貢献、馬文化の発展に向けた取り組みについても考察する。
	引退競走馬のリトレーニング	JRAが進める引退競走馬のリトレーニングの実際について学ぶ。競走馬がリトレーニングによって新たな役割を担うための調教内容や方法を理解し、引退競走馬のもつ可能性について考察する。
	フィールドワークⅣ	JRAが提唱する引退競走馬のリトレーニングにおける基礎調教であるグラウンドワークを体験する。馬との基本的なコミュニケーション方法や、馬と人の信頼関係を築くための技術を学び、リトレーニングにおける基礎的な手法の重要性を理解する。

3日目	課題解決への提言	本授業で学んだ内容を振り返り、引退競走馬の活用やウェルビーイング乗馬における課題を解決するための方策をグループごとにまとめる。学んだ知識と体験を基に、実際の課題解決に向けた実践的な提案を作成し発表する。

②実施の振り返り

　体験乗馬を実施するため、20名程度を上限として参加者を募集したところ、5学部から22名の学生が参加し、無事に実施されました。授業の詳細につきましては、法政大学のWebサイトに掲載されている以下のページをご覧ください。

「多摩キャンパス」
　↳「地域連携」
　　↳「人馬のウェルビーイング」
　　　　↓

すべての『人馬』に健康と福祉を～引退競走馬のリトレーニングを人と馬の幸福に繋ぐ取り組み～（2022年4月4日掲載）

（3）引退競走馬のセカンドキャリア構築による人馬のウェルビーイング

　3回目となる『引退競走馬のセカンドキャリア構築による人馬のウェルビーイング』（表10-4）では、フィールドワークの実施場所として横浜市中区根岸台の「馬の博物館」（公益財団法人 馬事文化財団）と川崎競馬場を追加し、馬の生態を理解するとともに、「競馬」を学術とスポーツの両面から学習しました。また、アスリートである競走馬が引退後に「リトレーニング／グラウンドワーク」という手法を用いて、馬術など新たなスキルを身につけていく過程を学生自身が体感しながら学習しました。以下に、その授業内容を示します。

①授業内容

	テーマ	内容
1日目	ガイダンス 法政大学川崎校地	本授業の概要と目的、到達目標を確認し、フィールドワークを実施する際の留意点や評価基準について理解する。
	「人馬のウェルビーイング」の基礎知識 法政大学川崎校地	「人馬のウェルビーイング」についての基本概念を理解し、馬と人が互いに心身の健康を支え合う関係の重要性を学ぶ。ウェルビーイングに関する理論的背景や社会的意義について考察する。
	フィールドワークⅠ 馬事文化財団　馬の博物館（横浜）	馬に関する展示を見学する。馬の進化や歴史、馬と人の関係の変遷について学び、馬文化が日本でどのように発展してきたかを理解する。展示物を通して、馬と人との深い関わりを再認識する機会とする。
	フィールドワークⅡ 川崎競馬場	レース前における馬の様子を観察し、競走馬がレースに備えるための準備について理解する。馬の精神状態や動き、調教師や騎手とのコミュニケーションの重要性を学ぶ。
	フィールドワークⅢ 川崎競馬場	実際のレースを観察し、競走馬がレース中に見せる動きや騎手の技術について理解を深める。競馬の迫力やスピードを体感し、競馬の文化的・スポーツ的な意義についても考察する。
2日目	フィールドワークⅣ JRAが推進する引退競走馬のリトレーニング① 法政大学多摩キャンパス馬場	JRA（日本中央競馬会）講師によるリトレーニングの「グラウンドワーク」のデモンストレーションを見学し、引退競走馬が新たな役割を担うための基礎的な訓練方法を学ぶ。グラウンドワークの手法とその意義について理解を深める。
	フィールドワークⅤ JRAが推進する引退競走馬のリトレーニング② 法政大学多摩キャンパス馬場	引退競走馬に対する「グラウンドワーク」の具体的な技術を学ぶ。馬との信頼関係を構築するためのコミュニケーション方法について理解し、実際に体験を通じて学ぶ。
	フィールドワークⅥ 人馬のウェルビーイング実践① 法政大学多摩キャンパス馬場	馬の性質をより深く理解するために、厩務作業を実践し、馬との関わり方を学ぶ。また、馬糞堆肥を活用したサステナブルな農園での取り組みに参加し、持続可能な農業と馬の資源利用について理解を深める。
	JRAが推進する 引退競走馬のリトレーニング	JRAが進める引退競走馬のリトレーニングプログラムについて、引退後の競走馬が社会に貢献するための方法について学ぶ。リトレーニングの実際とその意義について理解を深める。

2日目	JRAが推進する馬事振興	JRAの馬事振興の取り組みについて学び、馬産業や地域社会への貢献について考察する。特に引退競走馬のリトレーニングを通じて、地域活性化への役割について理解する。
	人馬のウェルビーイングにおけるサラブレッドの可能性①	学生同士でディスカッションを通じて、福祉やウェルビーイングの概念を理解する。サラブレッドがもつ可能性や、ウェルビーイングにおける役割について意見交換を行い、多様な視点から考察を深める。
3日目	フィールドワークⅦ 人馬のウェルビーイング実践② 法政大学多摩キャンパス馬場	馬の性質を理解するために、乗馬を体験し、馬との直接的な関わりを通じて馬の特徴や行動について学ぶ。乗馬を通して、馬とのコミュニケーション方法や安全な接し方を理解する。
	フィールドワークⅧ 人馬のウェルビーイング実践③ 法政大学多摩キャンパス馬場	馬の性質を理解するために、馬との触れ合いを通じて馬の特徴を学ぶ。馬との触れ合いがもたらす癒しの効果や、馬との関わりが人の心身に与える影響について理解を深める。
	課題解決への提言	これまでの学びを総括し、引退競走馬の活用や人馬のウェルビーイングが社会に与える影響について、具体的な提案をグループごとにまとめ発表する。フィールドワークでの経験を基に、課題解決に寄与する提言を作成し、発表する。

②実施の振り返り

　前回と同様に、授業内容に体験乗馬を取り入れたため、受講定員を20名と設定して募集を行ったところ、7学部から21名の学生が参加しました。授業の詳細につきましては、法政大学のWebサイトに掲載されている以下のページをご覧ください。

「多摩キャンパス」
　↳「地域連携」
　　↳「人馬のウェルビーイング」
　　　↳

課題解決型フィールドワーク『引退競走馬のセカンドキャリア構築による人馬のウェルビーイング』を開講しました（2023年12月14日掲載）

2 課題解決型フィールドワーク、社会連携講座（アドバンス）

(1) 競馬とウェルビーイングを開講

　2021年に実施された最初の課題解決型フィールドワーク for SDGsの際、講師を務めていただいたJRA職員から競馬を題材にした授業の開講を提案されました。この提案は、すでに他の3大学での実績があり、その内容が法政大学の学生にも大いに興味を引くものであると考え、実現に向かいました。

　担当者との打ち合わせを経て、2022年秋学期に新たな課題解決型フィールドワーク科目として『競馬とウェルビーイング』を開講することになりました（表10-3）。この科目は市ヶ谷リベラルアーツセンターの一般教養科目として位置づけられ、多摩キャンパスや小金井キャンパスの学生も履修可能でした。授業は毎週水曜日の第4時限に計14回行われ、東京競馬場でのフィールドワークも含まれています。

　授業形式としては、市ヶ谷キャンパスと多摩キャンパスでそれぞれ7回ずつ対面授業を実施し、残りの7回を対面としないリモート授業としました。いずれのキャンパスでもリモート接続をすることによって、両キャンパスの学生が同時に授業を受講する形式を取りました。なお、受講生は全14回の授業をすべて履修することが前提となっています。

　以下に、シラバスに掲載した①授業の概要と目的、②到達目標、③授業内容を示します。

①授業の概要と目的

> 我が国における競馬は、1861年に最初のレースが行われてから160

年の歴史を持ち、現在では10万人もの観客を集めるレースも行われ、その人気は新聞やテレビなどのメディアによる報道からも読み取れる。競馬で主に注目を集めるのは競走馬であるが、その背後には幅広い領域において多くの専門家が支えることで成り立っている。また、競馬は、我が国における大きな産業の一つでもあり、馬のレースというだけではなく、人々の暮らしにさまざまな影響を与えている。

　本講義では競馬をテーマとして、スポーツビジネス、サステイナブルな社会、そして人馬のウェルビーイング（健康で幸せな暮らし）のあり方について学ぶ。

②到達目標

- 競馬の歴史、国内外の競馬界、競走馬、競馬場について知り、スポーツとしての競馬を説明することができる。
- 競馬ビジネスの戦略を理解し、ビジネスとして成立させている要因とその運営を支えるメカニズムについて関係づけることができる。
- 競走馬のセカンドキャリアについて学び、人馬のウェルビーイングにつながる引退競走馬の利活用について述べることができる。

③授業内容：2024年度版

	テーマ	内容
1	学習内容の理解	本授業の全体的な概要を把握し、学びの目的を明確にすることで、到達すべき目標を確認する。課題解決型の学びを進める意義について理解し、具体的な学習計画を立てることで、フィールドワークに臨む姿勢を整える。これにより、実践的な学びを通じて課題解決能力の向上を図る。 担当：髙見京太（法政大学スポーツ健康学部）
2	競馬・JRAの概要	競馬とはどのようなスポーツであり、どのように運営されているのかについて基礎から学ぶ。JRA（日本中央競馬会）の役割や、競馬業界におけるJRAの業務内容について理解を深める。

2	競馬・JRAの概要	競馬が社会や経済にどのように影響を与えているかについても考察し、競馬の背景知識を身につける。 担当：JRA経営企画室
3	競馬の舞台装置	競馬場内の主要な設備について学び、芝コースやダートコースといった馬場の特徴やメンテナンスの重要性を理解する。また、職員が業務を行うエリアや観客のためのエリアなど、競馬場の施設全体について知識を深める。競馬場がどのように運営され、週末のレースに向けてどのように準備されているかを理解することで、フィールドワークへの準備を整える。 担当：JRA施設部
4	競馬番組・競走体系	競馬におけるレース体系の構築について学び、特にJRAがGⅠレースを頂点とする競走体系を整備している理由とその重要性について理解する。優れた血統をもつ繁殖馬を選抜するためのレース番組がどのように構成され、競馬界全体の発展に寄与しているかについて考察する。レース体系の背景や競走馬の育成への影響についても理解を深める。 担当：JRA番組企画室
	フィールドワークⅠ （法政大学多摩キャンパス馬場）	人馬のウェルビーイング実践を通じて、馬の性質をより深く理解する。具体的には、馬とのふれあいや厩務作業を体験し、馬との信頼関係を築く方法を学ぶ。また、馬糞堆肥を活用したサステイナブルな農園での取り組みを通じて、馬が人や環境に与える影響についても考察する。これにより、人馬のウェルビーイング活動の可能性や課題を探り、持続可能な共生の在り方について理解を深める。
5	世界の競馬	世界各国で行われている競馬の歴史や種類について学び、日本の競馬が国際的にどのような位置付けにあるかを理解する。さらに、諸外国における競馬の特徴や文化的な背景、各国で異なるレース体系や運営方法についても考察する。日本競馬がどのように国際的な競馬界に影響を与えているか、また日本競馬の強みと課題について理解を深める。 担当：JRA国際企画室
6	競馬のコンピュータシステムと情報サービス	JRAが長年取り組んできた勝馬投票券（馬券）の販売システムの歴史を学び、現代においてどのように進化してきたかを理解する。また、インターネットを活用した最新の販売戦略や、デジタル技術による顧客サービスの向上に関する取り組みについても理解する。これにより、JRAが提供する情報サービスが競馬ファンに与える影響や、競馬業界の発展に寄与する方法について考察する。 担当：JRA情報システム部

フィールドワークⅡ （東京競馬場）		観客の前で行われる競馬のレースを見学し、これまでの学びを確認する。競走馬の動きや騎手の技術、競馬場の雰囲気を体感し、競馬の運営について理解を深める。また、競馬博物館を見学し、競馬の歴史や文化についての展示を見学することで、競馬が日本や世界でどのように発展してきたかを学び、競馬に関する知識をさらに深める基盤を築く。
7	データの活用	JRA内部で扱われるビッグデータの種類とその活用状況について学び、顧客行動の把握や顧客理解に基づく効果的な施策展開の手法を理解する。データ分析によりどのように意思決定が行われるか、その手順と重要性についても考察し、データ駆動型の経営戦略について理解を深める。 担当：JRA経営企画室
8	ギャンブル等依存症対策	競馬がギャンブルとしての性質を持つことを理解し、競馬によるギャンブル等依存症の問題とその影響について学ぶ。JRAが依存症対策に取り組む具体的な方法や、その対策の意義、社会的責任についても考察し、依存症予防の重要性を理解する。 担当：JRA経営企画室
9	競走馬の生産	競走馬の生産過程における重要な要素である種付け、妊娠、出産、産後ケアについて学び、母馬と仔馬に関する疾病や注意点を理解する。競走馬がどのように育成され、健全な成長を支えるための繁殖技術について考察する。 担当：JRA生産育成対策室
10	競馬のプロモーション戦略	JRAが行っている各種プロモーション活動の目的とその狙いについて学ぶ。メディア戦略やイベント戦略など、競馬の魅力を広めるための具体的な方法について理解し、プロモーションが競馬業界に与える影響についても考察する。 担当：JRAイベントプロモーション課
11	映像コンテンツとしての競馬	JRAの歴史とともに競馬映像の発展を辿り、映像コンテンツが果たす役割や、視覚的に競馬の魅力を伝える手段について学ぶ。また、映像コンテンツの現在の課題や今後の展望についても考察し、映像を通じた競馬の普及活動の可能性を探る。 担当：JRA映像企画課
12	引退競走馬を軸にした循環型社会と農福連携	人馬のウェルビーイングに関連する実践事例を学び、引退競走馬を活用した循環型社会の構築と農福連携の取り組みについて理解する。馬が福祉や農業にどのように貢献できるか、その応用の可能性について考察する。 担当：佐野竜平（法政大学現代福祉学部）
13	馬事振興への取り組み	JRAが推進する馬事振興の意義と目的について学び、実際の取り組み内容を理解する。馬事文化の保存と発展を目的とした活動が、地域社会や産業にどのように貢献しているかについても考察し、馬事振興の価値を理解する。 担当：JRA馬事振興課

| 14 | 引退競走馬のセカンドキャリア | 引退競走馬の新しいキャリアを構築するための「リトレーニング」の手法を学び、そのリトレーニングが大学における人馬のウェルビーイング活動にどのように結びつくかを理解する。競走馬が引退後も社会に貢献できる仕組みを考察し、セカンドキャリアの意義について理解を深める。
担当：柏村晋史（法政大学体育会馬術部監督） |

　初めて開講した2022年度の履修者は、11学部から79名が集まりました。受講者から大変評判の良かった東京競馬場でのフィールドワークの様子は、法政大学Webサイトに掲載されている以下のページをご覧ください。

「多摩キャンパス」
　↳「地域連携」
　　↳「人馬のウェルビーイング」
　　　↓
課題解決型フィールドワーク『競馬とウェルビーイング』においてJRA東京競馬場でのフィールドワークが実施されました（2022年11月22日掲載）

（2）スポーツビジネスとしての競馬がもたらす人馬のウェルビーイング

　2年目となる2023年度（表10-5）では、科目名称を『スポーツビジネスとしての競馬がもたらす人馬のウェルビーイング』とし、フィールドワークを東京競馬場に加え、法政大学の馬場も追加し、実際に馬に触れる活動を取り入れることで、学生がより身近に「馬」を感じられる内容としました。また、第14回講義では、新冠町役場企画課まちづくりグループの原口正也係長をゲストスピーカーとしてオンラインで招き、新冠町が軽種馬産業に抱く思いと、生産牧場における引退競走馬への取り組みについて、両方の視点からお話をうかがいました。

　この講義の様子は、法政大学Webサイトに掲載されている以下のページをご覧ください。

「多摩キャンパス」
　↳「地域連携」
　　↳「人馬のウェルビーイング」
　　　　↓

課題解決型フィールドワーク 「スポーツビジネスとしての競馬がもたらす人馬のウェルビーイング」 第14回目の講義が『引退競走馬のセカンドキャリア』をテーマに実施されました（2024年2月18日掲載）

　なお、2023年度より「課題解決型フィールドワーク」は全学共通・学部横断型プログラムの枠組みである「全学共通教育プラットフォーム」の「社会連携教育科目」に位置づけられ、全学部全学科1年次から履修が可能となりました。

（3）社会連携講座（アドバンス）

　3年目となる2024年度（表10-7）は、科目名を「社会連携講座（アドバンス）」に改称して現在進行中であり、学生たちに競馬の歴史、文化、産業といった多角的な側面から学びの機会を提供し、馬と人との関係性を深く探求できる環境を整えています。また、競馬に関連する多様な職種やキャリアパスを学生に紹介することで、馬業界への理解と関心をさらに高めることが期待されます。この科目が、馬と人との関係性についての知識を深め、学生たちの将来における可能性を広げる一助となることを願っています。

3　正課外の社会連携プログラム

　人馬のウェルビーイングに関する学びは、2021年から正課授業として着実に積み重ねられてきました。これに加え、法政大学社会連携教育センター（SCOLE）の正課外プログラムとして、北海道新冠町の協力のもと、「日本のサラブレッド産業の現場を考察する」という社会連携プログラム

を実施しました。このプログラムは、新冠町のサラブレッド生産牧場でのフィールドワークを通して、サラブレッド産業に対する意欲的な提案を行い、将来的に有能な学生を輩出することを視野に入れた、自治体とサラブレッド産業との連携のモデルケースを目指して企画されたものです。

プログラムは、2024年9月2日と9日から12日までの5日間にわたり実施され、初日は法政大学多摩キャンパスで基礎的な学びを深め、2日目以降は北海道新冠町に赴きました。新冠町役場でのグループワーク、生産牧場や育成牧場、さらに門別競馬場でフィールドワークを行いました。

①プログラム内容

	テーマ	内容
1日目	競馬およびサラブレッド産業の基礎知識	競馬事業を含むサラブレッド産業についての基礎知識を学ぶ。サラブレッドの育成や競馬の仕組み、産業としての意義を理解し、日本における競馬の社会的・経済的な役割について考察する。また、産業全体がどのように構成され、関係者がどのような役割を果たしているかについても理解を深める。
	馬の生態理解および正しい接し方	法政大学馬術部の引退競走馬をモデルに、馬の生態や習性について学ぶ。馬との接し方や適切なコミュニケーション方法について理解し、馬との安全な関わり方を習得することで、フィールドワークでの実践に備える。馬と人との信頼関係の構築がもたらす効果についても考察する。
2日目	新冠町役場でのグループワーク	新冠町に関する基礎知識を学び、町の歴史やサラブレッド産業における重要性を理解する。フィールドワークにおいて必要となる視点や心構えを身につけるため、グループワークで牧場訪問時のマナーや振る舞いについて相互確認を行い、適切な行動ができるよう準備を整える。
	引退競走馬との触れ合いと乗馬	新冠町の第三セクターが運営する乗馬クラブを訪問し、引退競走馬との触れ合いや乗馬体験を通じて、サラブレッド産業と観光業がどのように調和しているかを学ぶ。馬と関わる体験を通じて、産業としてのサラブレッドと地域社会の結びつきについて実感し、観光資源としての可能性についても考察する。
3・4日目	生産牧場でのフィールドワーク	サラブレッドの生産牧場における作業を体験し、牧場での業務内容や日々の管理方法について学ぶ。馬の飼育や繁殖に関わる作業を通じて、サラブレッド産業がどのように支えられているかについて理解を深める。また、牧場スタッフとの交流を通じて、馬産業の現場での取り組みや課題について考察する。

5日目	育成牧場での フィールドワーク	育成牧場の施設見学を中心に実施する。トレーニング施設や馬の管理エリアなどを見学し、競走馬としての能力を身につけるための環境や設備について理解を深める。育成牧場が果たす役割や、競走馬の成長を支えるための施設の重要性について考察する。
	競馬場での フィールドワーク	門別競馬場を訪問し、地域に根付くサラブレッド産業の象徴としての競馬場の役割について学ぶ。競馬場が地域社会に与える影響や、地域との関わりを通じて産業が持続している仕組みについて考察する。また、競馬場の運営と産業の結びつきを理解し、地域振興への貢献についても学ぶ。
	新冠町役場でのプレゼンテーション	フィールドワークを踏まえた学びをグループごとに討論し、サラブレッド産業や地域社会におけるその役割について考察を深める。現場で得た知見を基に、課題や可能性についてディスカッションを行い、グループ発表を通じて地域貢献や産業振興に向けたアイデアを共有する。

②実施の振り返り

　このプログラムは、生産牧場での作業体験を含む内容であったため、参加者は10名程度を上限として募集しました。11学部から43名の応募があり、応募理由書の内容をもとに厳選された9名が参加しました。参加した学生の満足度は非常に高く、新冠町のみなさまからも高い評価をいただき、翌年度以降も継続して実施してほしいとのご要望をいただきました。

　プログラムの詳細は、法政大学のWebサイトに掲載されている以下のページをご覧ください。

「多摩キャンパス」
　↳「地域連携」
　　　↳「人馬のウェルビーイング」
　　　　　　↓

社会連携プログラム「日本のサラブレッド産業の現場を考察する」を実施しました（2024年12月5日掲載）

マレーシア国民大学ロズミナ教授の法政馬場訪問

第Ⅲ部 『人馬のウェルビーイング』による馬事振興とまちづくりへの貢献

第7章 軽種馬産業における外国人材との共生

鈴木結楽

1 軽種馬産業の人材不足の現状

　軽種馬産業と聞いて、何を思い浮かべるでしょうか。競馬場で迫力のある走りを見せるサラブレッドでしょうか。それとも、牧場で温かな日差しの中、草を食む馬の親子と、それをお世話する人々の姿でしょうか。この章では、馬で有名な日高地方の事例を通じて、軽種馬産業における外国人材との共生について考察します。

　新ひだか町は、約2万人の町民が住む、全国的に有名な競走馬の生産地です。町には「二十間道路桜並木」と呼ばれる、2,000本以上の桜が7キロメートルにわたって咲き誇る名所もあります。この二十間道路は、いくつもの軽種馬生産牧場の中に位置しています。

　新ひだか町を含む日高町、平取町、新冠町、浦河町、様似町、えりも町

二十間道路桜並木

の7つの町からなる日高地方の軽種馬生産頭数は、全国の約79パーセントを占めています。この地域において、農業産出額に占める軽種馬産業の割合は非常に高く、日高地方の主要産業となっています（表11）。ＧⅠレースで活躍している馬も多く、町民にとって誇りとされています。

　新ひだか町での生活では、小学校と中学校の登下校の道沿いにいくつかの牧場があり、春になると多くの仔馬が気持ちよさそうに草原でくつろぐ姿が見られます。中学校のグラウンドのすぐ横にも牧場があり、授業中でも馬を見ることができる環境です。このような環境で育った子どもたちは、自然と馬に親しむ機会が多く、ポニーに乗る体験などもあります。馬産地であるため、同級生の中には競走馬の生産牧場を営む家族もおり、日常的に馬と関わる生活が続いています。

　しかし、馬が身近にいるにもかかわらず、実際に牧場や馬に関する仕事に就く人は少ないのが現状です。地元での学生生活を通じて、馬術に取り

表11　日高地域における農業産出額の割合の推移

	計	耕種 計	畜産 計	肉用牛	乳用牛	豚	鶏	軽種馬	その他畜産物
平成18年	4,690	795	3,895	333	525	×	×	2,949	3
平成28年	4,056	696	3,364	606	625	99	2	1,920	
平成29年	4,503	751	3,751	608	651	108	2	2,265	
平成30年	4,520	751	3,767	617	665	102	2	2,265	
令和元年	5,601	674	4,927	499	571	64	-	2,112	
令和2年	5,986	758	5,227	436	570	72	-	2,308	
令和3年	6,623	688	5,936	514	571	72	-	2,674	
令和4年	7,303	715	6,591	487	544	78	-	3,076	

※1）平成18年は「ひだかの農業2017（日高振興局産業振興部農務課）」農業産出額（粗生産額）
※2）平成28～令和3年は「市町村別農業産出額（推計値）」より算出。
※3）「×」は秘密保護上統計数値を公表しないもの。
※4）各項目毎に日高町、平取町、新冠町、浦河町、様似町、えりも町、新ひだか町の公表値を合算しているため、計及び畜産計の数値と合致していない。
※5）平成28年以降のその他の畜産物には、軽種馬、めん羊、やぎ、はちみつ、うずら卵等を含む。
資料：馬産地をめぐる情勢（農林水産省畜産局競馬監督課、令和6年6月）

組んでいる人もごく少数であり、競走馬の産地でさえも馬に対する興味や仕事への関心はそれほど高くないことが見受けられます。この現状から、全国規模で見たときに馬に興味をもち、仕事にしたいと考える人がごくわずかであることは容易に想像できます。

現在の日本では、中央競馬も地方競馬も売り上げが伸びており、特に新型コロナウイルスの影響で、オンラインでの競馬参加が容易になったことが一因となっています。競馬場のイメージも刷新され、女性専用スペースの設置や幅広い世代に向けた広告、競馬をモチーフにしたゲームの人気などにより、若者からの人気も高まっています。しかし一方で、競走馬の生産牧場は、経営不振や後継者不足により、離農が増加しているのが現状です。

離農の理由としては、長期的な経営難や後継者不在があげられます。令和3年度の調査では、借金のない軽種馬経営体は全体の36.8パーセントに過ぎず、1,000万円から1億円以上の借金を抱えている経営体が全体の63.2パーセントに達しています（表12）。

また、後継者不足は深刻であり、後継者のいる生産農家は全体の29パーセントに過ぎず、後継者がいない生産農家が71パーセントを占めていま

表12　日高地方の軽種馬経営の状況

	償還財源≧利息	利息＞償還財源	合計
借金なし	187	2	189 (36.8%)
1,000万円未満	64	1	65 (12.7%)
1,000〜5,000万円	119	30	149 (29.0%)
5,000万〜1億円	42	26	68 (13.3%)
1億円以上	19	23	42 (8.2%)
合計	431 (84.0%)	82 (16.0%)	513 (100%)

資料：日高の軽種馬経営動向臨時調査結果（令和3年12月北海道庁）

す。離農の主な理由は後継者問題であり、特に30代の離農者においては後継者不足が最大の理由となっています。

　このように、軽種馬産業における人手不足は深刻な問題であり、少子高齢化が進む日本全体でも後継者不足や労働力不足が経営を困難にしているケースが増加しています。農業や漁業などの分野でも、後継者がいないために経営を続けられなくなる状況が全国各地で見られます。

　軽種馬産業は、昔から家族経営が多く、体力や忍耐力が求められる仕事であるため、現代の若者には選ばれにくい職業となっています。暑い日も寒い日も、いかなる天候でも外で馬の世話をすることが求められ、力仕事や体調管理が不可欠です。特に力仕事が多いこの業界では、女性が活躍する場は限られており、厩務員や騎乗者として働くには体力的な覚悟が必要です。仕事中にヘルニアや落馬事故による骨折など、身体に負担がかかるリスクもあります。こうした状況を考えると、若者が軽種馬産業に就職するのは困難であるといえます。

　また、軽種馬産業の立地条件も影響しています。競走馬の生産牧場や育成施設は、広大な土地と静かな環境が求められるため、都市部から離れた地方に位置することが多いです。このような場所での就職は、交通の便が悪く、生活面でも制約が多いため、若者にとって選択肢として魅力的でないと感じられることが多いでしょう。このため、現在の日本において、軽種馬産業は若者にとって選ばれにくい職業となっており、人材不足が深刻な問題となっています。

2　軽種馬産業分野における外国人材の活躍

　先述した通り、日本国内では軽種馬産業における人材不足が深刻です。もし日本人が軽種馬産業に興味をもたず、必要な人材を確保できない場

合、どのように対処すればよいでしょうか。これは国内に限らず、グローバル化を視野に入れ、国外に目を向けることが最善の策となるかもしれません。最近では日常生活で外国の飲食店や文化、留学生や外国人労働者を見かける機会が増え、以前ほどめずらしく感じなくなりました。軽種馬産業だけでなく、飲食店、介護施設、工場などの分野でも外国人材が活躍しています。ここでは、日高地方の状況や軽種馬産業の実態に触れながら、外国人材の現状について考察していきます。

　まず、日高地方のすべての町が過疎地域として指定されている現状です。少子高齢化が進み、地元にあった小学校や中学校は統合され、数が減少しています。北海道日高郡新ひだか町の周辺では、スーパーマーケットなど日常生活の場で外国の方を見かけることがよくあります。当初は「こんな地方にどうして外国人がいるのだろう」と疑問に思っていました。しかし、地元にいた際にテレビ番組で、外国人が競走馬産業でますます活躍しているという特集を見て、その内容に驚き、感心したことを覚えています。それまで牧場や育成施設で働く人は日本人だけだと勝手に想像していましたが、そのイメージが現実とは異なることに気づかされました。

　日高地方は少子高齢化が深刻な地域で、札幌などの都市部からも離れているため、娯楽施設や学校も少ないです。多くの若者が高校卒業後に進学や就職のため町を離れており、地元の若者が牧場や育成施設に就職することは非常に少なくなっています。そのため、この地域の主力産業である軽種馬産業を支えるためには、地元住民だけでなく、外国からの人材に頼ることが必要とされています。

　しかし、このような地方に外国から働きに来るメリットがなければ、人材は集まりません。日本全体では、実際に外国人労働者が増加傾向にあります[1]。給料が高く、福利厚生が充実していること、治安がよく安全な国として認知されていることから、外国人にとっても日本は出稼ぎに適した国といえるでしょう。特に日高地方で見かけるインド人について考える

と、インドでは馬産業が盛んであることが、日高地方を就職先とする理由の一つとなっていると考えられます。

インドは古くから馬、ロバ、ラバなどの家畜を飼育しており、マルワリ種やカチワリ種といった軍馬の末裔も存在する馬大国です[2]。また、インドには歴史ある競馬場がいくつかあり[3]、競馬に関心のある人が多いことも理由として考えられます。さらに、インドの多くの人々が信仰するヒンドゥー教では、ハヤグリーヴァという馬の頭をもつ神様が崇拝されており、馬にまつわる文化が根付いています。これらの背景が、インドの人々が日高地方の軽種馬産業に出稼ぎに来る理由の一つとなっていると考えられます[4]。

雇い主にとっても、馬の知識や経験をもつ人材は貴重であり、専門的な技術や経験をもつインド人労働者は非常に重宝されています。馬に関する仕事は機械ではなく生き物を相手にするため、個体ごとの対応が求められ、実践的な経験が重要です。このような能力をもつインドの人々は、仕事を覚えるのが早く、成長も早いため、軽種馬産業で活躍することが多く見られます。こうした良い循環が、軽種馬産業におけるインド人労働者の増加につながっていると考えられます。

このようなつながりを象徴する出来事として、浦河町では「牧場を支えるインド人たち」という写真展が2022年に開催されました[5]。この写真展では、人手不足に悩む胆振や日高地方の軽種馬育成牧場で増加しているインド出身の騎乗員やスタッフに焦点を当て、浦河町の現状が紹介されました。主催は浦河日印友好協会で、浦河町で働くインド人との交流を深めるために町民が有志で設立したものであり、日本語教室やインド文化を学ぶセミナーなど、互いの理解を深める活動も行っています。これらの活動は、インド人労働者が軽種馬産業において、なくてはならない貴重な人材であることを示しています。

また、インド人が活躍している場所として、北海道沙流郡日高町にある

門別競馬場も紹介できます。「グランシャリオナイター」として知られ、全日程でナイターが開催されるこの競馬場では、夜空の下、照明に照らされた馬が駆ける姿が見られます。門別競馬場を運営しているホッカイドウ競馬には、数多くのインド人厩務員が働いています。彼らはスマホの翻訳アプリや小型の翻訳機を使用してコミュニケーションの壁を乗り越えており、日本の競馬産業を選ぶ理由としては技術向上や給料の良さがあげられます。

インドでは高い騎乗技術を有していても月給は7万円ほどで、日本の20万円前後と比べると大きな差があります。また、インドの労働者たちは、得た収入を自国に残した家族に送金しており、出稼ぎ先としての軽種馬産業が彼らにとって重要な役割を果たしています。日高地方のインド人外国人登録者数は、2019年4月末で266人を数え、そのうち浦河町では外国人登録者数が237人、その約6割がインド人です。

中央競馬でも近年、外国人のスター騎手が活躍しており、競馬のレースで外国人騎手の名前を見ることはめずらしくなくなりました。日本の競馬人気が広がる中で、日本の軽種馬産業は地方・中央を問わず、外国人材によって支えられており、その活躍は今後さらに広がっていくでしょう。

外国人材が欠かせない存在となった日本の軽種馬産業ですが、今後は外国人材との協力関係を維持し、共に働くことが重要です。この課題は軽種馬産業に限らず、今の日本では多くの業種で求められています。日本政府は令和4年6月に「日本が目指すべき外国人との共生社会のビジョン」と、それを実現するための中長期的な課題や具体的施策を示すロードマップを決定しました[6]。このビジョンには「安全・安心な社会」「多様性に富んだ活力ある社会」「個人の尊厳と人権を尊重した社会」の3つが示されています。

まず一つ目の「安全・安心な社会」では、外国人が日本社会の一員として受け入れられ、すべての人が安全で安心して暮らせる社会を目指してい

ます。二つ目の「多様性に富んだ活力ある社会」では、さまざまな背景をもつ外国人を含むすべての人が社会に参加し、能力を最大限に発揮できる社会を目指しています。三つ目の「個人の尊厳と人権を尊重した社会」では、外国人を含め、すべての人が個人の尊厳と人権を尊重し、差別や偏見なく暮らせる社会を目指しています。これらのビジョンは、グローバル化が一層進む現代において、日本が目指すべき将来像を示しているといえます。

　ビジョンを実現するためには、4つの重点事項があります。

　まず一つ目は、「円滑なコミュニケーションと社会参加のための日本語教育等の取組」です。市町村と都道府県が連携して行う日本語教育の支援や、生活オリエンテーション動画の作成、ICT教材の開発などが文部科学省や法務省によって進められています。日本語の習得は、外国人が日本で働くために重要です。

　二つ目は、「外国人に対する情報発信・外国人向けの相談体制の強化」です。法務省は「生活・就労ガイドブック」や「外国人生活支援ポータルサイト」の掲載方針を作成し、地域の関係機関が合同で相談会を開催します。正しい情報を確実に届けることが求められています。

　三つ目は、「ライフステージ・ライフサイクルに応じた支援」です。子育て支援や特別定員枠の設定、日本語の個別指導の実施などが進められています。外国人のライフステージやライフサイクルを支えることは、日本社会におけるおもてなしの一環であり、責任でもあります。

　四つ目は、「共生社会の基盤整備に向けた取組」です。啓発イベントや支援人材の育成、多文化共生の考え方に基づく教育の普及と充実が進められています。これらの取り組みは、令和8年度までが計画期間とされています。

　これらのビジョンや施策は、軽種馬産業にも応用できると考えられます。異文化理解や多文化共生の考えを広めることや、日本語研修の実施が

求められます。各経営体が独自に行うのは困難であるため、政府や市町村が主導して軽種馬産業界へ働きかけることが効率的だと考えられます。

また、日本各地で外国人労働者に関する問題も多発しています。令和4年10月末時点で、日本の外国人労働者数は過去最高の1,822,725人に達しており、外国人を雇用している事業所数は298,790所に上ります[7]。しかし一方で、不法残留者の増加や、技能実習制度下での労働関係法令違反や人権侵害行為も依然として発生しています[8]。

軽種馬産業は力仕事が多く、住み込みや寮生活が求められるため、外部からの監視が行き届きにくく、労働環境が過酷になりやすい産業です。外国人労働者が声を上げにくい状況があり、その改善が求められます。問題を未然に防ぐために、産業全体で風通しのよい環境を整え、第三者機関や相談員の設置が必要です。これにより、軽種馬産業の発展と人材確保を持続的に進めていくことが重要です。

3 軽種馬産業の人材不足に対するアプローチ

軽種馬産業の人材不足を解消するためには、いくつかの重要なアプローチが求められます。まず、日本国内において、馬や競馬に対する認識を変えていくことが不可欠です。競馬は長らくギャンブルとしての側面が強調されてきましたが、それだけでは馬産業の魅力が十分に伝わっていません。競馬や馬産業のもつ多様な価値を広く社会に発信し、若者や一般層が興味をもつような取り組みを進める必要があります。例えば、競馬場や牧場でのイベント、SNSを活用した情報発信を通じて、馬が身近な存在であり、魅力的なキャリアを提供するものであるというメッセージを広げることが大切です。

次に、軽種馬の活躍の場を広げることも重要です。競馬や馬術に限らず、

馬の能力を福祉や地域振興といった新しい分野に活用することで、馬産業の可能性はさらに広がります。特にホースセラピーや人馬のウェルビーイングといった分野は、引退競走馬を活用できるだけでなく、福祉に興味をもつ人々にとっても新たな魅力を感じてもらえる機会を提供します。こうした新たな分野の発展は、これまで馬に関心をもたなかった層を引きつけ、産業全体の裾野を広げるきっかけとなるでしょう。

　また、外国人材との共生を進めることも、軽種馬産業の未来を支えるために重要です。人材不足が深刻化する中、外国からの労働力に依存することがますます求められるようになっています。外国人労働者が働きやすい環境を整え、文化的な多様性を尊重した職場づくりを進めることで、彼らがもつ技術や知識を積極的に取り入れることができます。また、言語や文化の壁を乗り越えるためのサポート体制の整備も不可欠です。異文化理解を深めるための教育や労働環境の改善を進めることで、軽種馬産業は国内外からの人材を引きつけ、さらに発展することができるでしょう。

　以上のように、軽種馬産業の人材不足に対するアプローチとして、社会全体の認識を変えること、軽種馬の可能性を広げること、そして外国人材との共生を促進することが重要な要素となります。これらの取り組みを通じて、軽種馬産業の持続的な発展が期待され、さらなる発展の道が産業全体に開かれることが望まれます。

引用・参考文献
1）「令和2年版厚生労働白書－令和時代の社会保障と働き方を考える」、厚生労働省
　https://www.mhlw.go.jp/stf/wp/hakusyo/kousei/19/backdata/01-01-01-06.html
2）「インドのウマ事情－遊牧民のウマ、マハラージャのウマ－」、馬事協会便り第6号、社団法人日本馬事協会
　https://www.bajikyo.or.jp/pdf/journal201103.pdf
3）「インドの競馬場」、公益財団法人　ジャパン・スタッドブック・インターナショナル（JAIRS）　https://www.jairs.jp/contents/courses/india.html
4）「なぜ馬なのか・・・?」、久宮山馬頭院観音寺
　https://vatokan.com/why-horse/

5）「浦河町で写真展『牧場を支えるインド人たち』開催」、競走馬のふるさと案内所
　　https://uma-furusato.com/news/entry-59832.html
6）「外国人との共生社会の実現に向けたロードマップ」、出入国在留管理庁
　　https://www.moj.go.jp/isa/content/001397442.pdf
7）「外国人雇用状況」の届出状況まとめ（令和4年10月末現在）
　　https://www.mhlw.go.jp/stf/newpage_30367.html
8）「今後の出入国在留管理行政の在り方」、第7次出入国管理政策懇談会
　　https://www.moj.go.jp/isa/content/001334958.pdf

第8章 循環型経済と馬糞活用

村上　昌

1 循環型経済とは

　循環型経済とは、持続可能な形で資源を活用し、地域の資源を最大限に引き出すことを目指す経済システムです。地域資源には、伝統工芸や文化、特産品などが含まれますが、最も重要なのは地域がもつ本来のポテンシャルを余すことなく活用することにあります。地域の課題や予期せぬ出来事でさえも資源と捉え、柔軟に対応することが、循環型経済の活性化につながるのです。

　たとえば、農業と福祉を結びつけた「農福連携」という取り組みでは、農業分野の後継者不足と障害者の就労支援が新たな価値を生み出す形で結びついています。また、地域内の企業や自治体、NPOといったさまざまな組織間の協働・連携も重要です。異なる分野が連携し、地域独自の価値を高めることで、地域資源の循環が一層促進されます。

　技術やイノベーションの活用も、地域の持続可能な発展に欠かせません。ICTの進化やリモートワークの普及など、現代の技術を駆使して地域の強みを引き出すことが、循環型経済を推進する大きな力となっています。地域資源を最大限に活用し、持続可能な社会の実現を目指すことが求められています。

2 馬糞活用と江戸東京野菜づくりの取り組み

　江戸東京野菜は、江戸時代から昭和にかけて東京都内で栽培され続けてきた伝統野菜です。現在では50種類が認定されていますが、その後継者は少なく、絶滅の危機にある品種も少なくありません。このような背景から、江戸東京野菜の復興と持続可能な資源の活用がますます重要視されています。

　八王子地域では、豊かな自然環境と肥沃な土壌を活かして、江戸東京野菜の栽培が続けられています。特に高倉ダイコンは、漬物用として古くから親しまれており、発酵食としての価値も高いものです。これらの野菜は、栽培期間中農薬不使用で栽培されており、地域の循環型経済に大きく貢献しています。

　法政大学体育会馬術部では、引退競走馬の馬糞を活用した堆肥づくりに取り組んでおり、その堆肥が江戸東京野菜の栽培に使用されています。馬糞堆肥は土壌を改良し、化学肥料を使わない持続可能な農業を支える重要な役割を果たしています。この取り組みは、馬という存在が食の循環にまで広がり、地域経済の活性化にも寄与する好例といえるでしょう。

高倉ダイコンを干す様子

3 馬がつなぐ地域資源の活用

(1) 馬糞の活用可能性

　法政大学体育会馬術部での馬糞堆肥化のプロセスにおいては、生命科学部佐野俊夫研究室の協力を仰ぎ、馬糞堆肥内に含まれる成分の測定や、実際に馬糞堆肥を使った際の効果などを検証しました。この取り組みは地域の資源を有効に活用し、循環型経済の一環として地域農業に貢献する重要なステップとなっています。地域資源の循環と持続可能な農業の実現に向けた一つのモデルとして、確立されています。

(2) 循環型経済と伝福連携

　アップサイクル*の活動として、多摩キャンパス城山校地で生成された馬糞堆肥を近隣農家に提供するだけでなく、学生主体で江戸東京野菜の栽培にも取り組むこととなりました。

　この活動は、「循環型経済と伝福連携による多摩の地域活性化貢献活動」として位置づけられています。「伝福連携」とは、農業と福祉の連携を示す「農福連携」になぞらえ、伝統の「伝」と障害福祉の「福」を組み合わせて名付けられたものです。これは、地域伝統産業の担い手として障害者が活躍する仕組みを表しており、法政大学の学生たちは、この連携を一層進化させるべく、地域の伝統と結びつけて地域の魅力を高める取り組みを行っています。特に八王子の地域資源を活かし、江戸東京野菜の栽培に多様な人材を巻き込むこの活動は、まさに「伝福連携」の具体例です。

　この活動は、多摩・八王子江戸東京野菜研究会代表の福島秀史氏の助言

＊**アップサイクル**：廃棄する予定だったものをそのまま捨てず、デザインやアイデアを付加することで新しい価値をもったものにすること、またはそのプロセス。クリエイティブ・リユース（創造的再利用）ともいわれており、付加価値を見出していくことで環境負荷を軽減するどころか、まちづくりの新たな魅力につなげる事例なども出てきている。

のもと、馬場の一角を「人馬のウェルビーイング農園」として開墾するところから始まりました。江戸東京野菜は栽培難易度が高く、肥沃な土壌が不可欠です。調査の結果、法政大学多摩キャンパス・城山校地の土壌には豊富なミネラルが含まれていることが判明しました。さらに、秋に落ちた枯れ葉が冬を越えて腐葉土となり、それに法政大学発の馬糞堆肥を組み合わせることで、最高の土壌を作り上げることに成功しています。畑で使用される土や堆肥はすべてキャンパス内で生み出されており、これにより、多摩地域内で資源が循環する持続可能なサイクルが形成されています。

　この取り組みは、地域の伝統野菜である「絶滅の危機にある江戸東京野菜」と「余っている馬糞」の活用可能性を掛け合わせ、多摩地域独自の持続可能なプロジェクトへと発展しています。2022年度の夏には、冬に収穫期を迎える根菜類の種まきが行われ、12月末には「多摩地域の地域活性活動～馬事文化の理解促進～」をテーマにした江戸東京野菜の収穫・試食会が開催されました。

　このイベントには、法政大学現代福祉学部の佐野ゼミ、スポーツ健康学部の高見ゼミ、東京家政学院大学の江川ゼミ、体育会馬術部から30名以上が参加しました。亀戸大根、大蔵大根、滝野川大長ニンジンの収穫に成功し、学生たちは旬の江戸東京野菜を調理し、味わいました。

馬場の一角を開墾する様子

学生たちは、「種まきから収穫、そして食べる」という一連の体験を通じて、絶滅の危機に瀕している江戸東京野菜の歴史的背景や、今後の種の保存の意義について理解を深めました。また、多摩キャンパス城山校地で採れた腐葉土と馬糞堆肥を使用した土づくりや、種の育成・保存方法についても学び、「持続可能な地域資源の活用」「循環型経済」の実例を実体験として得ることができたと語っています。この活動に付随して、八王子を拠点に障害者が活躍する就労事業所との連携も行われており、地域資源の循環と共に、多様な人材が地域活性化に貢献する場を広げる活動へと発展しています。

（3）現代社会の課題とウェルビーイング

　現代社会では、利益の追求が地球環境や私たちのウェルビーイングに影響を与えていることが指摘されています。私たちの身体的、精神的、そして社会的な健康は、地球環境と密接に結びついており、そのバランスをとることが重要であると考えられています。今回、人馬のウェルビーイングをテーマに、コミュニティとスポーツの関係について改めて考える中で、地域資源の活用とコミュニティの強化がいかに重要かを再認識しました。地域資源を最大限に活用し、地域全体の質を高めることが求められており、そのためには、多様な人材を含めたコミュニティ間のつながりの強化が欠かせません。

　地域住民や組織が一丸となって持続可能で豊かな暮らしを実現するためには、地域が抱える課題という歯車が噛み合い、新たな可能性やイノベーションを生むことが期待されます。課題を解決するためには、組織の垣根を超えた協力や連携が不可欠であり、余剰の資源と不足している資源を組み合わせることで新たな価値を創出する取り組みが、循環型経済の発展に大きく寄与すると考えられます。

　この一連の考察を通じて、特に感じたことは、サステイナビリティへの

配慮が必要不可欠であるということです。SDGs（持続可能な開発目標）でも強調されているように、持続可能性への意識を社会全体で高めていくことは重要な課題です。近年、技術やイノベーションの進化により効率的な生産や影響力の拡大が可能になりましたが、それと同時に人々の要求水準も上がり、生活の質を高めるために過度な理想が追求されるようになりました。その結果、地球環境に余分な負荷をかける要因も増加しているように感じられます。

　持続可能性を重視し、サステイナブルな取り組みを進めるためには、私たち一人ひとりが本当に必要なものを見極め、それを慎重に選択することが重要です。日々の小さな意識や行動の積み重ねが、未来の持続可能な社会の指針を作り上げる力となるでしょう。

第9章 アジアで出会った人馬のウェルビーイング

佐野竜平

1 なぜアジア？

「障がい者乗馬の普及活動と人材育成を実践しているアジアの大学や市民団体との連携を強化しながら、比較研究を通じて新たな知見を獲得していく」。これは、人馬のウェルビーイング研究所設立時に掲げた活動指針の一つです。具体的な活動内容は後述しますが、この方針を見て「なぜアジアなのか？」と疑問に思う方もいるかもしれません。

実は、大学に着任する前、アジア各国で長く障害者支援に関わる業務に従事してきた経験があり、アジア各地で「人と馬の共生」ともいえる場面を多く目撃してきました。日本を含む東アジアはもちろん、東南アジアや南アジア、中央アジアに至るまで、日常生活の中で馬と人が共に暮らす姿が自然に目に入ってきました。

心のどこかに刻まれていた「アジアの人と馬の文化」を特に思い起こしたのは、2020年のコロナ禍直前に、縁あって馬術部のみなさんと関わり始めた頃でした。学生や関係者が生き生きと人と馬の関わりを深めようと活動する姿を見て、アジアでの経験と共通するものを感じたことが、私の研究の方向性を決定づけました。それ以来、「アジアにおける人馬のウェルビーイングとは何か」を探求するようになりました。

2021年後半、コロナ禍が落ち着き始めた頃から再びアジアを訪れる機会が増えました。法政大学多摩キャンパス城山校地の馬場で学んだ「人馬

のウェルビーイング」をヒントに、アジアの障害分野の関係者との交流の中で、人と馬の関わりを見つめ直すことができました。

その結果、アジア各地の障害分野の関係者の中には、さまざまな形で馬と関わっている方が多くいることがわかりました。障害当事者を含め馬に対して強い関心を寄せる人々が多く、このトピックを深堀りすることに手応えを感じるようになりました。

2 現地でのフィールド訪問へ

人馬のウェルビーイングを研究する私たちは、東南アジアを視野に入れて教育・研究活動を展開しようと考えています。同地域には競馬の盛んな国があり、現在も稼働している競馬場があります（表13）。一方、ベトナムにはかつてフートー競馬場がありましたが、10年以上前に閉鎖されました。シンガポールでも、都市開発や土地の有効活用のために2024年10月でクランジ競馬場が閉鎖され、その土地は2027年にシンガポール政府へ返還されることになっています。

表13　東南アジアの主な競馬場

国名	主な競馬場名
マレーシア	セランゴール・ターフクラブ
フィリピン	サンラザロ競馬場、サンタアナ競馬場、メトロ・マニラ競馬場
タイ	ロイヤル・バンコク・スポーツクラブ

法政大学による人馬のウェルビーイング研究は、引退競走馬を軸にした諸活動を焦点に当てています。アジアでの活動を志向する上で、こうした関連情報は大切です。そこで2023年前半、競馬場をもつ3か国のうち、筆者と長い付き合いのあるマレーシアの視覚障害のリーダーであるラヒムさ

MAEATによる障害者乗馬の取り組み

MEM幹部と意見交換

んに、1) 障害者を含む人と馬の実践事情、2) 関与している大学について問い合わせてみました。ラヒムさんは自ら障害者団体を創立し、実践を続けており、今では国策に関わる立場も有しています。

マレーシア国内の各地に打診してくれたラヒムさんの尽力により、Malaysian Equine Council（MEM、マレーシア乗馬協議会）、Riding for the Disabled Association Malaysia（RDAマレーシア）、Malaysian Association of Equine Assisted Therapy（MAEAT、マレーシア馬介在療法協会）などによるさまざまな取り組みがあることを知りました。さらには、マレーシアプトラ大学（UPM）、スルタン・ザイナル・アビディン大学（UniZA）、マレーシアパハン大学（UMP）、マレーシア国民大学（UKM）、マレーシア工科大学（UTM）など、人と馬の関わりを実践する大学があることもわかってきました。

こうした手がかりを得て、2024年2月と8月にマレーシアを直接訪問し、縁あって主要な団体や大学の関係者に会うことができ、人と馬の関わりについて意見交換を行いました。

3 RDAマレーシアによる障害者乗馬とまちづくり

マレーシアにおける人と馬に関連する団体の中でも、特に印象的だったのがRiding for the Disabled Association Malaysia（RDAマレーシア）です。

RDAマレーシアは、すべてボランティアによる活動を基盤とし、現在マレーシア全土で16の支部を展開しています。1989年に設立、5年後の1994年には正式に全国組織として改組され、ホースセラピーの提供を開始しました。このプログラムは、精神的および身体的な障害をもつ個人を対象に、自信やコミュニケーション能力、全体的な幸福感を向上させることを目的としています。RDAマレーシアの活動は、障害者の運動機能や感情表現の改善に効果があることが広く知られています。

マレーシア王室の後援のもとに活動するRDAマレーシアの主な目的は、特に地域社会に暮らす障害児が自信を身につけることです。また、彼らの表現力や協調性の向上を図るとともに、障害者を包摂したまちづくりに貢献することも目指しています。

さらに、RDAマレーシアは少なくとも5つの大学と連携し、活動を行っています。法政大学「人馬のウェルビーイング研究所」としても、同団体

ゼミ学生有志とRDAマレーシアを訪問

との交流を通じて多くの学びが得られると感じています。RDAマレーシアの概要を項目別に表14にまとめました。プログラムの中心は、脳性麻痺（CP）や自閉スペクトラム症（ASD）などの障害をもつ方々に対して、無料で提供されているホースセラピーです。

表14　RDAマレーシアの取り組み

項目	内容
活動規模	2024年8月時点で全国に16の支部を展開し、これらの支部ではマレーシア王室や地元のポロクラブなどが提供する施設を利用して活動を行っている。約100名の18歳以上のボランティアが活動を支えており、彼らは階層的なシステムで訓練を受けている。具体的には、レベル1のボランティアは3か月間の訓練を受け、レベル2のインストラクターは6か月間の専門的な訓練を受ける。プログラムは、脳性麻痺（CP）や自閉スペクトラム症（ASD）などの障害をもつ子どもや成人を対象としており、これらのプログラムは完全に無料で提供されている。現在、216頭の馬が活動に使用されており、その一部は寄付や貸与によって提供されている。
対象者	組織的かつ体系的にプログラムが運営されており、馬の訓練や健康チェックも定期的に行われている。セッションは週を通して実施され、参加者の障害の種類に応じて特定の日に異なるグループが対象となる。例えば、火曜日には発達障害をもつ12人の子どもが、また水曜日には脳性麻痺（CP）をもつ車椅子使用の9人の子どもが、そして木曜日にはさまざまな障害をもつ12人の子どもたちが参加している。
イベント運営	マレーシア・中国・インドの正月やクリスマスなど、文化的・宗教的行事を祝うために、少なくても4つの主要なイベントを開催している。これらのイベントは、参加者とその家族の間で帰属意識を育み、喜びを共有することを目的としている。また、チャリティーディナーなどの募金活動も積極的に行い、これによりプログラムの運営資金を調達している。
国際協力	マレーシア国内にとどまらず、インドネシアのスマランやバンドンでも展開されている。今後はさらに、インドネシアのジャカルタ首都圏やベトナムのホーチミン市においても活動を広げることを視野に入れている。また、技術開発局と協力して、人と馬に関する国家職業スキル標準（NOSS）を策定した。NOSSプログラムの修了者に対して認定証を発行するための認定センターの設立も計画しており、国際協力にも関心を寄せている。
今後の展望	今後、サバ州に17番目の支部を開設する予定。2025年までに現在待機リストにある275人の障害をもつ子どもたちにサービスを提供する計画をもっている。運営は地域ごとの分散型管理システムに基づいており、献身的なボランティア、親、介護者、地域社会からの支援を得て活動を継続していく見込み。

これらのセッションを通じて、参加者は身体の協調性やコミュニケーション能力の向上が期待されます。RDAマレーシアのスタッフは、「馬は非常に感受性の高い動物であり、騎乗者の障害を認識して適切に反応することで、特別な絆を

障害者乗馬の実践

築き、心身の活性化を促します」と強調しています。参加者の進捗状況は、定期的なチェックアップによって確認され、健康と安全が確保されています。

マレーシアでは、ホースセラピーは身体的および精神的な状態の改善手段として受けとめられています。「筋力の強化、バランスの改善、心の安定やリラックス効果は、障害をもつ人々にとって非常に重要です」と、プログラムに参加している親御さんは語っています。

RDAマレーシアの具体的なプログラムは詳細に整理されており、特定の曜日ごとに異なる障害をもつ子どもや成人が参加します。参加者はヘルメットを着用し、監督のもとで安全に乗馬を行います。グループトレーニングセッションは、安全を確保しつつ、最大限の効果を得るために綿密に調整されています。現時点のスケジュールや対象者を表15のとおりです。

表15　RDAマレーシアのプログラム（2024年現在）

曜日	対象	人数枠
火曜日	知的障害・発達障害をもつ子ども	12人
水曜日	車椅子を使用する脳性麻痺をもつ子ども	9人
木曜日	さまざまな障害をもつ子ども	12人

特別インタビュー

RDAマレーシア
チーフコーディネーター
Muthusamy
Kandasamy氏

　私は長く海軍に従事していました。引退直前、馬産業の現場を紹介され、RDAマレーシアや馬介在療法のことを知りました。そこから、イギリス、ベルギー、香港、台湾、韓国などを訪問し、ホースセラピーについてさらに学びました。

　私は現在、マレーシア政府の社会福祉局、各地のケアセンターと連携しながらプログラムを提供しています。私たちのプログラムへの参加は無料です。特にお金は不要ですし、乗馬に必要なヘルメットその他の備品、そしてTシャツなども提供しています。乗馬用の靴も貸し出しています。

　障害児をホースセラピーに巻き込むことでのインパクトは大きいです。世界各地で政府などが障害児への支援を提供しようと尽力しているでしょうが、必ずしも十分とは言えません。そこで、ユニークな形で関与すべく、RDAマレーシアは障害児を対象に関わっています。活動を通じて教育的な要素を織り交ぜ、同時にコミュニティにおける社会参加の促進につなげています。心理的なサポートと社会福祉サービスの現場にもなっています。

　もちろん、私たちの取り組みで100％すべてが満たされるわけではありません。このプログラムは無料で提供されており、実際、たくさんの障害児が列をつくって待っているのもまた事実です。障害児が乗馬するにあたり、医師、看護師、理学療法士、作業療法士などとの相互理解があって初めてプログラムが成功します。

　私たちは、ただ単にコミュニティに生きる障害児の幸せにつながるべく、活動をしています。彼らが自信をもって活動に臨むことで、日常生活の変化につながると信じています。ボランティアとして関わっている方々にとっても、変化が生まれているはずです。私の口からはこれ以上何とも言えませんが、人と馬の活動に関わることで、きっと生活の充実に通じていると思います。

　RDAマレーシアとしては、ぜひ法政大学のみなさんとも連携し、お互いに活動の量および質の充実につながるような流れを展望したいところです。私たちもさらに新しい観点や活動展開を学びたいです。これまで馬産業をリードしてきた欧米とはまた違う、我々の強みを生かしたアジアならではの取り組みも深めていきたいと考えています。

4 ボランティアとして人馬に触れ合うマレーシアの人々

　RDAマレーシアの活動は、18歳以上の100名を超えるボランティアによって支えられています。年齢制限はなく、ボランティアはまず3か月間の研修を受ける「レベル1ボランティア」から始まり、その後、6か月間の研修を修了した「レベル2インストラクター」へと進級します。RDAマレーシアは、マレーシア王立陸軍や地元のポロクラブとの提携を通じて、施設や馬の提供を受けながら、ボランティアを募っています。

　現在、RDAマレーシアのプログラムには200頭以上の馬が参加しており、その多くはポロや競馬に関わるオーナーから寄贈されたものです。これらの馬は定期的に獣医による健康診断を受け、乗馬療法に適した状態が確認されています。また、馬の健康を維持するために、3か月ごとの胃のクリーニングや、6か月ごとの歯のクリーニングも実施されています。

　さらに、RDAマレーシアは、多様なボランティア育成プログラム（表16）を通じて、障害者支援や馬事に従事する人材の育成に力を入れています。具体的には、馬の管理、応急処置、シニアボランティア向けのトレーニング、そして「ジムカーナ」[*]と呼ばれる乗馬者向けの競技会など、さまざまな活動が行われています。

　これらの活動は、ボランティアのスキルアップに寄与するだけでなく、障害者やその家族への支援にもつながっています。特に、大学生や若者向けのプログラムは、馬事振興や障害者支援といった社会福祉への関心を高めることを目的としています。

---

[*] ジムカーナ：障害物を避けながらコースを走行する馬術競技である。馬と騎手の息が合った動きが要求され、スピードと柔軟性を競う。競技性と楽しさを兼ね備え、初心者から上級者まで楽しめる競技である。

表16　RDAマレーシアによるボランティア育成の仕組み
(特に馬との関わりについて抜粋)

種別 対象者	目的	実施内容	期間等
初任者 長期	乗馬や馬のケアに日常的に必要なすべての装備に関する明確な実践的理解の習得	・馬の取り扱い、馬の体の部位、色、年齢、サイズの測定方法の学習 ・グルーミングの必要性、馬具の使用方法、および馬の洗い方の理解 ・鞍、手綱等の学習、日常的ケアとすべての装備の使用方法 ・各装備を慎重かつ安全に使用・保管 ・馬飼料の種類をリストアップし識別 ・給餌時間の明確な理解 ・質の高い飼料、シリアル、水、干草ネットの結び方、飼料の配分の理解 ・馬の蹄の掃除、日常的な手入れ、重要な蹄の部位の識別、馬蹄交換の判断 ・馬蹄取り外し ・健康な馬の見た目、病気の馬の症状と治療法のリストアップ ・傷の種類とその処置方法の識別 ・跛行馬*を見分ける能力 ・歯科ケアの基本知識と応急処置 ・馬の輸送ケア	4日/回 (年4回予定)
応急処置 短期	応急処置を行うために必要な知識とスキルの習得	・出血の種類を識別、その対処方法 ・実技とAEDの使用に関する注意事項 ・傷の種類とその処置の理解 ・緊急現場の評価、処置	2日/回 (年4回予定)
経験者 長期	障害に関する基本的な知識と乗馬の理解	・馬のグルーミングおよび馬具の装着 ・馬を乗馬場に誘導 ・プログラムを実行 ・乗降の補助 ・サイドウォーカー	75時間/回 (年3回予定)
ジムカーナ 長期 or 短期	乗馬者向け競技会の開催	・乗馬者向けのイベント計画、実施 ・当日のボランティア確保、会場準備 ・トロフィーやメダルの準備 ・食事の選定、授与式および交流会準備	1日/回 (年4回予定)
支部訪問 長期	支部に必要な支援を手助け	・各支部でのトレーニングに参加 ・本部とのコミュニケーション ・知識および経験の共有	2日/回 (年12回予定)

* **跛行馬**：ケガや病気で歩行が不自然になっている馬を指す。早期に異常を発見し治療することが大切で、馬の健康管理において重要な観察ポイントである。馬の運動機能の維持に注力する必要がある。

5 マレーシアで人と馬に関係する団体

マレーシアには、他にも人と馬に関わる団体が存在します（表17）。

表17 マレーシアにおける人と馬に関わる団体

団体名	概要
Lembaga Totalisator Malaysia（LTM）	マレーシア競馬の管理局として1961年に設立され、競馬などのスポーツや賭博に関する運営や監督を行う政府機関。この協会が、競馬の収益管理、そして、スポーツや社会福祉活動などの公益事業への利益再分配を行う役割を担っている。
マレーシアプトラ大学（UPM）	獣医学部の教員・学生等が、馬に関わる取り組みを実施。馬術センターには、馬を収容する2つの厩舎がある。馬の手入れ技術や方法を学び、探求することができる。乗馬スポーツの愛好家は、リーズナブルな料金で利用できる。
マレーシア国民大学（UKM）	大学馬術部が確立されて3年ほど。Malaysian Equine Council（MEM、マレーシア乗馬協議会）や Malaysian Association of Equine Assisted Therapy（MAEAT、マレーシア馬介在療法協会）と連携して、乗馬に精通した人材を増やし、学習障害やディスレクシア、自閉スペクトラム症のある障害者、がん患者と家族、高齢者、児童などに、コミュニティにおける馬との触れ合い活動を提供している。
マレーシアパハン大学（UMP）	専門知識の共有、ボランティア活動、乗馬を通じて、特別なニーズのある子どもを支援するため、人と馬の活動に関するパートナーシップをRDAマレーシアや他の関係団体と締結。学生が技術を学び、訓練を受けたボランティアグループとして活動する機会の増加が期待されている。

　Lembaga Totalisator Malaysia（LTM）は、マレーシア競馬の管理局として1960年に設立され、競馬などのスポーツや賭博に関する運営および監督を行う政府機関です。同団体は、競馬の収益管理を行うとともに、スポーツや社会福祉活動などの公益事業への利益再分配を担っています。

　大学による取り組みとして実際に確認できたのは、マレーシアプトラ大学（UPM）、マレーシア国民大学（UKM）、マレーシアパハン大学（UMP）です。これらはすべて国立大学ですが、人と馬の接点を増やし、コミュニティの発展に資する活動を推進している点で共通しています。

6　「人馬のウェルビーイング」による アジア連携の展望

　私たちの活動の原点は、大学生や教職員、小中高生、障害者など地域コミュニティの人々が馬と関わることを通じて、馬事振興文化を醸成することにあります。この取り組みをさらに発展させるため、アジアの関係団体との連携を深めています。

　具体的には、国際協力機構（JICA）やマレーシアの大学、市民団体と協力し、持続可能な協働アプローチを確立する国際的な連携プラットフォームの構築を目指しています。特にJICAとの連携においては、海外協力隊の枠組みを活用し、現地と日本の架け橋となる人材の派遣をすることになりました。法政大学「人馬のウェルビーイング研究所」から、2025年度より5年間にわたり複数名を派遣する見込みです。この取り組みは、障害児・者との触れ合いを中心とした、ホースセラピーの機会を提供します。人馬のウェルビーイングを重視した国際的な学びの場として、双方にとって貴重なプラットフォームを育むものとなります。若者が集う大学の研究・教育機関としての強みを活かし、引退競走馬の利活用についてもさらに模索していく意図があります。

　最終的に、日本とマレーシアの馬関連団体や大学・研究機関が協力し、障害児・者と馬との触れ合いに関する安全な実施体制と、標準化された方法・実践を学び合い、さらに広げることを目指します。これにより、馬との関わりを通じた国際人材の育成を進め、多文化共生や人材不足の問題解決にも貢献していく考えです。

　このように、アジアとの連携を通じて学びを深める「人馬のウェルビーイング」への関心は尽きることがありません。

引用・参考文献

1) Horse Therapy Volunteer Workshop With RDA Malaysia
https://vet.upm.edu.my/news/horse_therapy_volunteer_workshop_with_rda_malaysia-54405
2) Riding for the Disabled Association fetes children with festive cheer
https://www.freemalaysiatoday.com/category/top-lifestyle/2023/01/06/riding-for-the-disabled-association-fetes-children-with-festive-cheer/
3) Riding for the Disabled Association, Bukit Kiara
https://happygokl.com/riding-for-the-disabled-association-bukit-kiara/
4) UMP, Yayasan UMP, RDA and Tanjung Lumpur Equestrian Club seal collaboration on equestrian activities
https://news.umpsa.edu.my/moumoa/ump-yayasan-ump-rda-and-tanjung-lumpur-equestrian-club-seal-collaboration-equestrian

---

特別インタビュー

マレーシアプトラ大学
獣医学部
Nurul Hayah Khairuddin
准教授

UPM馬術部は、RDAマレーシアと共同で「乗馬セラピー・ボランティアワークショップ」を開催したことがあります。UPM馬術部とRDAマレーシアの長期的な協力の一環で、障害児による馬との触れ合いに関する研修の一環でした。RDAマレーシアの指導を受け、今後も自閉スペクトラム症（ASD）のある子どもたち等を対象に馬との関わりを支援したいと考えています。

特別インタビュー

マレーシア国民大学
工学・建築環境学部
Rosmina Jaafar教授

障害の特性から配慮が必要な娘のために有効な手立てを探していた私は、馬を介在したセラピーに出会いました。馬を使って行う活動を通じて、精神疾患やストレス障害などに効果があるとされています。しかし、アジアの多くの国々では資格をもつ専門家が多くはありません。

娘は馬の世話を通じて、社会的・感情的なスキルを向上させる活動に関わっています。今後もこうした活動を継続しつつ、娘とともに社会に貢献したいと考えています。

特別コラム
マレーシアでホースセラピーを体験して

法政大学現代福祉学部佐野ゼミ2年
法政大学ソーシャル・イノベーションセンター
「法政馬広場」メンバー
村上みどり

　2024年の夏休み、マレーシアで障害者向けに実施されているホースセラピーを短時間ながら体験しました。このプログラムでは、一定の速度でコースを巡りながら、インストラクターの指示に従って体を動かしたり、歩調に合わせて数字を数えたりしました。また、子ども向けのセラピーということもあり、目を閉じて鳥や魚などの動物になりきるシーンも含まれていました。インストラクターの指示は、英語が母語でない私にも的確でわかりやすく、子どもの想像力や好奇心を引き出す工夫が多く施されている点が印象的でした。さまざまなアイデアと高度な技術によって、ホースセラピーの効果が最大限に引き出されていることを実感しました。

　今回の体験を経て、ホースセラピーは障害者の感性を豊かにするだけでなく、将来的な社会性やソーシャルスキルの向上にも寄与する可能性があると考えました。また、馬との関わりや障害者支援の取り組みは、いずれも長期的なアプローチを必要とする点で共通しています。これが、ホースセラピーに多くの人が可能性を見出している理由の一つではないでしょうか。

自ら実際に体験

特別コラム
福祉現場で見つけた「人と馬」のつながり

法政大学現代福祉学部佐野ゼミ2年
相場つぐみ

　2024年8月、マレーシアで障害者乗馬を行う現場を訪れました。この経験を通じて深い学びを得るとともに、福祉現場における「人と馬のつながり」の多様な可能性をさらに理解する必要性を感じました。そこで、マレーシアでの学びを日本での実践に照らして考察するため、循環型経済やインクルーシブな障害者就労の実践を行う社会福祉法人ながのコロニーの就労継続支援A型事業所「長野福祉工場」と障害者支援施設（B型）「ワークサポート篠ノ井」を訪問しました。

　ながのコロニーでは、JRAファシリティーズ株式会社からの委託を受けて、馬名入りの競走用・調教用ゼッケンを製作しています。縫製業では「裁断」「縫製」「アイロンがけ」などの工程を分解し、障害者一人ひとりの状況に応じて業務を分担しています。多くの作業は個人で進められるため、周囲の影響を受けず自分のペースで作業ができる点が縫製業ならではの特徴です。

　しかし、ながのコロニーが縫製業を取り入れた理由は、障害者の就労に適

製作中の競馬用ゼッケン

作業をしている障害のあるスタッフ

しているという点だけではありません。その背景には、「縫製業界の高齢化と人手不足」という課題があります。縫製業の多くは個人経営であり、高齢化に伴って事業を閉じるケースが近年増加しています。また、業務には肉体的な負担も多く含まれ、若年層の人材確保が困難な状況にあります。こうした課題に対し、「障害者雇用の促進」と「縫製業の衰退防止」を目的として、ながのコロニーは事業を展開しています。

特に、競馬用ゼッケンの製作を行っている「ワークサポート篠ノ井」では、1日300〜400枚のゼッケン作成を目標に、朝から夕方まで働いています。障害のある方々は、身体的特性や体調に応じた作業を行っています。実際に工程を見学した際、障害のあるスタッフが見せる高度な技術と集中力に深い感銘を受けました。

最後に、一般企業での就労経験をもつ障害のあるスタッフの方と意見交換しました。「なぜ一般企業ではなく、ながのコロニーで働いているのか」と尋ねたところ、「働きがいがあるからです」と迷いなく答えてくれました。さらに彼は、「世界では『障害のある人も一般企業で働こう』という動きがあるが、実際に一般企業の障害者雇用枠で働くと、孤独感や不安感、責任ある仕事を任されない苦しみを感じることがある。それは当事者でなければ理解しがたいものだ。ながのコロニーでは、安心して働ける環境の中で仕事を任せてもらえる。自分も目標をもち、キャリアアップを目指している」と話してくれました。

アジアで出会った人と馬のつながりもあって、「インクルーシブな雇用」や「共生社会」とは何かを引き続き模索していきたいと考えています。

第10章 大切にしたい人と馬によるまちづくり

岡﨑昌之

1 人と馬と地域

(1) 馬がいた風景

　私たちの日常から馬の姿が消えてしまったのは、それほど古いことではないでしょう。私は1945(昭和20)年生まれですが、小学生時代を広島県福山市で過ごしました。福山市は昭和30年代後半、瀬戸内海沿岸部に日本鋼管㈱(現、JFEスチール)の巨大な製鉄所が立地し、工業都市として発展しましたが、その当時はのどかな地方都市でした。歩いて通った小学校への通学路の周辺は豊かな農業地帯で、夏にはこの地方の特産品である備後畳表(たたみおもて)の材料となるい草の収穫、冬には冷たい沼から掘り上げられるクワイが風物詩でした。
　自宅の近くに小さな瓦の工場があり、濃い銀色をした日本瓦を製造していました。焼きあがった瓦を運搬するのに一台の馬車が使われ、重い瓦を積んだ荷車を、馬が一生懸命に曳くのを毎日、目にしました。学校からの帰り道、瓦を降ろして空になった馬車に運よく行き当たり、馬車を操るおじさんに頼んで、荷台に乗せてもらうのは大きな楽しみでした。昭和20年代の後半(1950年代の前半)のことです。周りの農地にも、田を耕す馬がまだちらほらと見かけられました。自宅の近くを流れる芦田川の土手を少し下流に行くと、市営の競馬場がありました。土手の上から、馬が勢いよく走る様子を見に行ったことも覚えています。

やがて、この馬車はトラックに変わり、田んぼの馬は耕運機にその役割を奪われました。全国的にも道路が整備され、車の時代となり、農業は大規模化、機械化が叫ばれたのです。そして、高度経済成長期を迎えた日本国内では、日常の風景から馬はすっかり姿を消してしまいました。

（2）人と馬の長い関わり

　馬は草食動物で、角や牙といった攻撃的な身体的要素は一切もっていません。危険を察すれば、ただ走って逃げるだけの臆病な動物です。この500キロもの大型動物、また人間をはるかに上回る力をもつ馬を、なぜ人は乗りこなせるようになったのでしょうか。いろいろな説がありますが、それは早く走っても比較的背中が平行移動し、安定していること、そして前歯（切歯）と奥の臼歯との間に、歯のはえていないすき間があることを人間が発見し、そこに馬銜を噛ませ、その両端に手綱を通して、馬を制御する方法を編み出したこと、といわれています。この馬銜こそが人類の一大発明だったともいわれます。

　この発見と発明を契機に、人と馬は歴史的にも長い、文化的にも深い関わり合いを保ちながら暮らしてきました。農産物の生産、人の交流や物資の流通、祭りや行事、またあるときは争いや戦争など、馬は人の生活のあらゆる分野、場面において、重要な役割を果たしてきたのです。

　日常生活で馬の姿を目にすることがなくなった昨今ですが、人と馬は深いつながりがあったことの名残りは、現在も私たちの生活のさまざまな場面に残っています。例えば、私たちが日常的に使う言葉にも、たくさんの馬が登場します。「馬が合う」「勝ち馬に乗る」「尻馬に乗る」「生き馬の目を抜く」「馬の耳に念仏」「馬脚を露す」「馬耳東風」「当て馬」「野次馬」など、馬がつく言葉はたくさんあり、現代でもごく普通に使われています。なかには人と馬とがあまりにも身近であったためか、少し馬を貶める感触の言葉もあり、馬には申し訳ない感じもします。

「餞(はなむけ)の言葉」という使い方も、もともとは馬に関わるものです。最近では少し間違って、卒業生など巣立っていく人に花を添える挨拶のように理解されているようですが、もともとは旅立つ人が乗る馬の鼻先を、これから向かう方向に向けてあげ、旅立ちを祝う言葉だそうです。また乗馬の経験をした人は、その際、よく使う言葉に「埒(らち)」があります。「埒に沿って馬を動かす」などと使いますが、馬場の周りを囲う柵のことです。普段使う「埒が明かない」や「不埒」などの語源といわれます。

現在、日本で生産される馬は、サラブレッドなどの軽種馬がその大半で、年間約8千頭、その98％は北海道で生まれています。しかし、歴史的には日本全国にたくさんの馬産地がありました。また長野県の木曽馬、長崎県対馬の対州馬、沖縄の与那国馬などの在来馬もいます。ですから馬を生産する地域、生産した馬を集積する地域、馬を訓練する場所、人が騎乗したり鍛錬をする場所など、馬に関わる地域や場所が古くからたくさんあり、それらが地名として数多く残されています。すぐ思いつくものでも、群馬、練馬、相馬、白馬、駒場、駒込、駒沢、高田馬場など、いかに馬が身近な存在であったかを物語っています。

（3）馬がつないだ地域

言葉や地名だけではありません。現代の私たちには想像もできないことですが、明治時代の後期まで、地域によってはそれ以降も、現在ではほとんど人が踏み込まないような山間部にも網の目のように、道が張り巡らされ、地域間の移動に使われていました。急峻な峠をいくつも越えて町や村をつなぐ道や、山間部を抜ける裏街道と呼ばれる道も各地にありました。

例えば埼玉県秩父から、群馬県上野村や長野県川上村などをつなぐ急峻な道も幾つかあったようです。これらの道が、明治初期、日本近代史上最大の農民蜂起といわれる秩父困民党の動向にも大きな役割を果たしました。山形県小国町は朝日連峰と飯豊山系に挟まれた山村ですが、かつて米

沢と新潟を結んだ越後米沢街道の十三峠が通っています。現在ではほとんど通る人もなく土に埋もれている峠道も多いのですが、最近、その峠の一つ黒沢峠を住民が主体となって、埋もれていた昔の敷石面まで土砂を掘り出し、山道を再整備しています。イギリス人の女性旅行家イザベラ・バードも、明治11年、難儀をしながら馬でこの峠を越えたことが『日本奥地紀行』に記されています。

　これらの山道を移動したり、物資を運搬するには、多数の馬の存在とその活用なくしては考えられません。実際にこれらの峠道を歩いてみますと、道端にたくさんの苔むした石碑が残されています。なかでも多く目につくのが馬頭観音の石碑です。馬は人を乗せたり荷物を積んだりして、この険しい山道を行き来するうち、なかには病気になったり、足を滑らせて谷底に落ちた馬もいたのです。こうした愛馬への供養として祀られたのが、山中の馬頭観音です。多くの人馬がこれらの急峻な山道を行き来していたことが偲ばれます。

　このことはもう一つの観点を示唆しています。つまり人と馬が一体となって深い森の中を行き来し、森に目を凝らすことによって、豊かな森や水の自然環境が維持され、広葉樹や林産物の活用が持続的に行われてきたのです。植林による杉や檜の広大な人工林化、大規模な林道整備は、かえって人々を森林から遠ざけ、豊かな自然を破壊してしまった側面もあります。

2 地域の神事や祭りと馬

　現代にも引き続いてなんとか残っているのが、各地の祭や行事における馬の活躍です。例えば流鏑馬です。疾走する馬の鞍上から、鐙に立ち上がって的を射抜く流鏑馬は、高い乗馬の技術を必要とする、華麗で勇壮な神事です。日本馬事協会によると、埼玉県毛呂山町歴史民俗資料館の調査

として、現在、全国116か所で、神社などを舞台に流鏑馬が実施されているようです。

(1) 祭りと馬・福島県「相馬野馬追」

　馬が活躍する祭りとして、日本最大かつ最古の祭りは、なんといっても相馬野馬追でしょう。旧相馬藩領内、現在の福島県相馬市、南相馬市を中心に、毎年7月下旬に開催される祭りです。千年以上の歴史があり、国の重要無形民俗文化財に指定され、雄大で、古式ゆかしく、人馬一体、勇壮果敢な一大絵巻です。現場で祭りの様子を目の当たりにすると、まるで戦国時代にタイムスリップしたような感覚にとらわれます。ただ最近は7月下旬に猛暑が続くことが多く、2023年の行事の最中に2頭の馬が暑さのために死亡したこともあり、2024年からは5月開催となりました。

　行事は相馬中村神社（相馬市）、相馬太田神社（南相馬市原町区）、相馬小高神社（同小高区）の三神社に、それぞれの地区の騎馬武者が供奉することから始まり、その後400から500騎の騎馬武者が、主会場の雲雀が原を目指して市中を進軍する「お行列」となります。地元から野馬追に参加する多くの人が、数十年以上続けて、子から孫へと代々受け継ぎながら参

相馬市　相馬野馬追　お行列

加しています。身に着ける兜や鎧も、先祖から各家に伝わるものです。

　順列を整えて行列は続き、観光客などが間違ってこれを横切ろうものなら、馬上の騎馬武者から「無礼者！」との声が飛びます。真剣にこの祭りを守り受け継いでいこうとする心意気がなすものです。祭りに参加するために、普段から10数頭の馬を飼い続けている人もいるそうです。

　行列が集結する雲雀が原では、兜を脱いだ若武者たちが、先祖伝来の旗指物を背中になびかせて、人馬一体となって馬場を疾走し、甲冑競馬を繰り広げます。続いては、天高く打ち上げられた花火が炸裂し、二本の神旗がゆっくり舞い降り、雲雀が原一面に展開していた数百騎の騎馬武者が、神旗を目指して馬を寄せ、鞭を振りかざして奪い合う神旗争奪戦です。旗を獲った者はそれをかざして、高台に設けられた本陣に向かって、馬を一気に駆け上らせます。最近では若い女性騎馬武者も参加するようになり、彼女たちが本陣へ馬で駆け上がると一層大きな歓声が上がります。

　最終日は馬を素手で捕らえて神へ奉納する「野馬懸」が小高神社で開かれます。白い装束に身を包んだ若者が、境内に追い込まれた裸馬を素手で捕まえて神に奉納し、地域の繁栄と安寧を祈るのがこの神事で、小さい板に馬を描いて奉納する絵馬の原型ともいわれています。相馬野馬追に参加する約500頭の馬のうち半数は地元から、あと半数は他の地区の乗馬クラブなどから借り受けた馬で、それらの9割は元競走馬といわれます。相馬野馬追が引退競走馬の大きな受け皿にもなっているのです。

　この祭りが行われる相馬地方は、福島県の太平洋岸、浜通りに位置し、2011年の東日本大震災で甚大な被害を受けました。たくさんの馬も飼い主も、地震の被害を受け、津波で流されて亡くなったり、原発事故の影響も受けました。南相馬市など7市町村で300頭いた馬は、津波で流されたりして、100頭ほどに減ったという報道もあります[1]。しかし震災の翌年、2012年7月の祭りはほぼ例年通りで、400騎が参加したそうですから、相馬の人たちのこの祭りにかける思い、馬とともに生きる覚悟はただならぬ

ものがあります。アメリカ、イギリス、ロシア、ブラジルなど、世界各地へ遠征もし、海外でも高い評価を受けています。

（2）祭りと馬──岩手県「チャグチャグ馬コ」

　初夏の盛岡市を彩る「チャグチャグ馬コ」も馬が主役のお祭りです。もとは田植えなどの農作業で疲れた馬を癒やし、無病息災を祈って、地元のお宮にお参りする年中行事だったようですが、現在は滝沢市の神社から盛岡八幡宮まで、鈴などで飾り付けた60頭の馬が、幼子を背中に乗せて、農家の人たちと一緒に14キロの道のりを行進します。この様子は、たんなる観光イベントではなく、愛着をもって馬を飼養し続け、立派な馬の衣装を保存してきた、たくさんの農家や関係者が現在でも存在するという、馬に深い関わりをもってきた岩手県ならではの文化的行事といえます。

　ここで行進する馬の中には、フランス北西部原産で農耕や馬車の牽引、森林での木材搬出など重量物の運搬に力を発揮する重種馬のペルシュロンがいます。従順で力があり、1トン近くもある大きな馬で、世界中に輸出されたようです。明治初期にフランスから日本にきたペルシュロンは、原産地からもっとも遠くへ渡った馬といわれ、その末裔が今も岩手で活躍しているのです。

　岩手県遠野市で、馬を使って山から木材を伐り出す馬搬の活動をしている岩間敬さん（46）のつながりで、2015年にこのチャグチャグ馬コの祭を担う盛岡の人たちが、岩間さんと一緒にフランスに招かれ、チャグチャグ馬コの行進がペルシュロンの原産地での祭で披露され、大きな称賛を浴びたのです。これがきっかけとなり、2022年9月にはパリのシャンゼリゼ大通りでも行進し、観客から大絶賛を受けました。

（3）人と馬の長い歴史

　このように昔から続く祭りや行事などにおいては、人と馬が深く結ば

れ、素晴らしい文化的価値を持ち続けているのです。ただ現在の日本ではそうした場面が、かなり限られた地域と祭りなどのハレの場に限定されているのが実情です。ただこうして人と馬とのながい歴史的な関わり合いが続いてきたことは事実で、それに比較すれば、日常生活から馬が消えてしまったこの半世紀を、人と馬との縁が切れてしまうほどの長い空白だと、切り捨ててしまうのはもったいないでしょう。

　たんなる経済成長や拡張拡大主義が見直され、自然や人びとに大きな負荷をかけない、持続的な暮らし方が模索されるようになってきました。心地よい、気持ちよい、いい塩梅(あんばい)、いい加減など、ウェルビーイングに対応する日本語の意味合いをもう一度噛みしめながら、人と社会、人と組織がうまく折り合える仕組みや暮らしを模索することが、今求められていることでしょう。そうした情勢のなかに、馬が存在する暮らしの仕組みをどう築き上げていくことができるか、このことを模索する価値は大いにあるのではないでしょうか。

3　ドイツ、そして日本の農山村

(1) ドイツの農村整備

　ドイツ南部のバイエルン州は昔からの農業地域、またバーデン＝ヴュルテンベルク州はトウヒなどの針葉樹林で覆われたシュバルツバルト（黒い森）と呼ばれる森林地帯を有し、いずれも自然に恵まれた地域です。もちろん第二次大戦後は大きく変化し、両州の州都、ミュンヘンとシュトゥットガルトは、それぞれ世界的な自動車メーカーであるBMWとダイムラー・ベンツ（現、メルセデス・ベンツ・グループ）の本拠地で、これらの企業を中核にしながら、自動車関連、航空機関連、精密機械加工など、全ドイツを牽引する先端産業の地域でもあります。ちなみにシュトゥットガルト

という地名は、もともと"馬の飼育場"を意味する言葉だそうです。

　ドイツにおける土地利用はとても厳格で、1960年に制定された「連邦建設法」に基づき、全国土は基本的に「建築不自由の原則」で覆われています。つまり建物を改築したり新築することはとても難しく、農地、林地、自然地から宅地等への転用や、既存の建築物の建て替えなどは厳しく規制されているのです。

　この連邦法に基づいて、各市町村は土地利用計画（F-plan）と地区詳細計画（B-plan）からなる建設管理計画を策定します。このF-planで建築可能と指定された区域内だけで、B-planが指定する厳格な要件（用途、規模、位置、形状、材質、デザインなど詳細な要件）に合致する建物のみ建設が許可されるのです。

　こうした厳格な立地規制、建物規制のうえに、集約され、保全された農地や集落に対して、ドイツ連邦政府や州政府から農村整備補助金が支出され、伝統的な景観の保全や形成に大きな効果がもたらされているのです。とくに大規模な土地収用を必要とする道路や鉄道、運河の整備などの公共事業では、農業の基盤整備や生活空間整備との調整を図り、建設される大規模公共施設が、従来の地域社会や既存の産業に悪影響を及ぼさないように配慮し、むしろ以前より地域の環境が改善されるような丁寧な調整を行っているのです[2]。

　たとえばミュンヘン空港は、ミュンヘン中心部から北東へ約30キロのところに、1990年代前半に新しく建設された国際空港です。当然多くの農地が収用され、農村集落の移転が行われました。移転に伴い基盤整備事業が行われた村を訪れたとき、住民の一人が、集落に新しく整備された広場の大きな石臼のモニュメントを指して、「この石臼があった粉ひき小屋のところが、今は滑走路になっている」と話していたのを思い出します。思い出の品をモニュメントにしたり、古い井戸を再現したり、斬新な彫刻を設置したり、村によってさまざまですが、いずれも住民が、そうした新

しい農村集落の整備を誇りにしている様子はよくわかりました。

　この農村集落整備事業はもちろんモニュメントだけではなく、道路や小河川、家屋なども対象です。舗装されていた集落内の道を、もとの石畳の道に戻したり、舗装せずに土の道にしたり、コンクリート三面張りの小河川を、もとあったような石を置いたり木を植えたりして、そこに現代の技術を活かして、昔の景観を再現しているのです。そのほうが雨水はゆっくりと地中に浸み込み、河川の水は石や木に当たって、より多く空気に触れ浄化が進むと考えられています。もっともほとんどが平野で、ゆっくりと流れているドイツの河川だからこれができるのでしょう。

　日本のように高低差が大きく、急流の多い河川ではこうはいかないのが現実ですが、参考にする部分はたくさんあります。古くなり改修が必要な家屋についても、その家や周辺の様子を描いた古い絵や写真を探し出して、できるだけ昔の外観に戻しながら、家のなかはとてもモダンな居住空間に改修しています。

(2) アグリツーリズムと"農家で休暇を"

　こうした農村集落整備事業で、集落と農家の整備をしながら取り組まれているのが、アグリツーリズムと呼ばれる農家民宿事業です。農村集落が維持され、農村景観が保全され、オーストリア、スイス国境沿いの山地や農地の多い南ドイツ2州がこのアグリツーリズムの中心です。大都市の若い家族や自然志向の人たちを対象とし、おもに農家の女性労働力で対応できる小規模な宿泊事業です。農家の一部や農機具倉庫、農作業小屋などを改修して、10ベッド以下で、多くは朝食だけを提供する方式の農家民宿です。

　フランクフルトに本部を置くドイツ農業協会（DLG）は、これらの農家民宿の内から、一定の基準で優良民宿を選び、約1,600戸に緑プレートを与えています。またDLGは毎年夏休みに入る前に、これらの農家民宿を掲

載したカタログ『Urlaub auf dem Bauernhof（農家で休暇を）』を発行し、これが毎年ベストセラーになっていました。現在ではネット上で見られるようになっています。こうした農家民宿のなかでも、最近では乗馬民宿 Reiterhof やワイン農家民宿、身障者用民宿、エコロジー農家民宿など、個性や特徴のある農家民宿が人気で注目を集めるようになっています。

ドイツ　乗馬民宿を紹介する『農家で休暇を』

（3）乗馬民宿

　私が農村集落整備事業調査の一環で、数度にわたってお世話になった農家民宿のひとつに、シュバルツさん一家が経営する人気の乗馬民宿があります。バイエルン州のほぼ真ん中のフランケン地方で、グンツェンハウゼンという町のヴァルト地区です。この地方はライン川支流のマイン川とドナウ川の分水嶺地帯になっています。近くのニュルンベルクの工業地帯へ工業用水を供給するために公共事業が行われ、両河川の水利調整のために人工湖のアルトミュール湖が建設され、それに伴い農村整備が行われました。

　北海に流れるライン川、黒海に流れるドナウ川という国際河川の最上流部の分水嶺ですが、いつそこを越えたのかは、車で走っていてもまったく気がつきません。それほど平野が広がっている地域です。またヴュルツブルクからフュッセンまで約400キロのロマンティック街道も近くを通り、中世都市の面影を残すローテンブルクやディンケルスビュールといった魅力的な町が近いことも、人気が高い一因でしょう。

　この乗馬民宿アルトミュールゼー Reiterhof Altmühlseeは、こうした湖

ドイツ　バイカースハイムの農家民宿で

や農地、森林などの豊かな自然環境を最大限に活かし、乗馬の名手として鳴らしたシュバルツさんの経験も活かして経営されています。施設内での乗馬はもちろんですが、周辺の農地や林、湖畔をめぐる外乗も楽しめます。民宿レストランの大きなガラス窓越しには、テニスコート2面ほどの屋内馬場が併設されていて、子どもたちの乗馬レッスンを、親はビールを飲みながらゆったりと見守っているといった光景もよく見かけました。

　この乗馬民宿に自馬を預託して、170キロほど離れたミュンヘンから、毎週のように泊りがけで通ってくるという家族にも何度か出会いました。ドイツの人たちにとって、いかに乗馬というスポーツが身近なものかを強く感じました。この乗馬民宿からは、最近もSNSで時々連絡が来るのですが、現在は息子さんが経営にあたっているようで、当時よりも施設を拡大し、ずいぶん繁盛している様子です。

　もともとドイツは乗馬大国で、どちらかというと競馬よりも馬場馬術や障害馬術などのスポーツや余暇としての乗馬が盛んです。日本の乗馬人口は約7万人ですが[3]、人口約8千万人のドイツのそれは250万人といわれます。馬も競走馬（サラブレッド）より一回り大きく、体格のがっちりした

イギリス　湖水地方の農家民宿の庭で

セルフランセなどの中間種と呼ばれる馬が多く生産されます。2021年の東京オリンピックでは馬場馬術個人で金銀のメダル、団体ではこれまでのオリンピックでほぼすべてで金メダル、総合馬術個人でも4大会連続金メダルをドイツが獲得しています。ちなみにオリンピック競技では、動物とともに行う唯一の競技で、男女の区別もなく、騎乗した選手と馬が一緒に表彰されます。子どもの頃から馬と触れ合う機会が多く、馬が身近にいることが、オリンピックでのこうした好成績にもつながっているのでしょう。

　シュバルツさんの民宿は乗馬に特化した民宿ですが、ドイツのアグリツーリズムを紹介するために何度か来日したこともある、バーデン＝ヴュルテンベルク州ヴァイカースハイムで農家民宿を経営するシャマン婦人のところでも、子どもたちに乗馬を体験してもらうための馬が飼育されていました。国は違いますが、イギリス北部、スコットランドとの境に近いカンブリア州の湖水地方の農家民宿をいくつか訪ねた際にも、ほとんどの民宿が馬を飼い、農家の周りにゆったりと放牧されている様子を目にしました。それは心を和ませる豊かな農村の景観を生み出していると感じました。

　このように美しい農村と自然景観を形成してきた南ドイツですが、近

年、この地域のアウトバーンやロマンティック街道で目につくのは、風力発電の巨大な風車や太陽光発電のパネルです。永年かけて築き上げられてきた美しい景観が、これらの構造物で徐々に蚕食されていくさまは、残念で仕方がありません。

(4) 美しい日本の農山漁村

　写真家の薗部澄さんが遺した写真集『忘れえぬ戦後の日本』[4]は、昭和30年代から40年代にかけての、おもに農山漁村を中心として撮影された立派な写真集です。農山漁村の当時の様子と、そこに暮らす人々の生き生きとした姿の一瞬、一瞬が切り取られています。高い荒波や急傾斜の畑など、厳しい自然を相手に懸命に働く男や女の姿、仕事を終え一家団らんの家族、元気に遊ぶ子どもたち、人たちが着ている衣服は粗末で、労働は厳しそうですが、土地に根付いた暮らしや営みの確かさが感じられます。

　東日本編の最初を飾る写真は、岩手県滝沢村（現、滝沢市）での馬耕の様子です。雄大な岩手山を背景に、馬とともに畑を耕している農夫の写真から始まっています。写真集のなかには畑仕事を終え小さい子どもを馬の背に乗せて帰る農夫の姿、仕事を終えた馬の脚や体を川で洗ってやる様子、木曽馬の馬市など、馬の写真も見受けられます。この写真集を見直すたびに、高度経済成長が始まろうとする昭和30年代から40年代の前半にかけてが、日本の農山漁村が辛うじてその輝きや美しさを保っていた最後の時期だと実感します。

　1970年代から日本の農山漁村は大きく変貌しました。都市や工業地帯への人口移動が始まり、都市の無秩序な拡大、近郊農村の混住化などが起きました。高速道路、新幹線などの大型公共事業の全国的な展開、米の生産調整や農産物の輸入自由化、農村地域への工業導入の促進などによって、農地や山林における利用や景観だけでなく、農山漁村の暮らしそのものに対する深刻な影響が表れてきたのです。

この高度経済成長期を境に、大都市への人口集中はより加速化し、日本の農山漁村における人口減少と過疎化が始まりました。農業の大規模化や機械化も進み、多くの地域で薗部さんが撮影したような、美しい農山漁村の姿の多くは失われていくことになりました。

4 岩手県遠野市の馬とまちづくり

(1) 岩手県遠野市

　しかし、なんとかかつての美しさを現在に伝えている地域もあります。そうした町のひとつが岩手県遠野市ではないでしょうか。昔からの馬産地で、人と馬とのつながりも大変深い地域です。「日本のふるさと遠野」を標榜し、農村の景観を守りながら、福祉と医療の統合、農家民宿、地域間交流などのまちづくりを進め、多くの移住者も受け入れています。
　遠野市は岩手県南部の北上山地に位置し、1954（昭和29）年に8町村が合併して誕生しました。2005（平成17）年には隣接する宮守村が加わり、

遠野市　荒神神社

遠野市　農村風景

　826k㎡という広大な面積を有する市となりました。東京都23区や琵琶湖よりもはるかに大きな面積です。遠野三山と呼ばれる霊峰早池峰山、六角牛山、石上山などに周りを囲まれた盆地の町です。

　市の中心部は、太平洋岸の釜石市、大船渡市、陸前高田市等からおよそ40～50キロ、また東北道に連なる盛岡市、花巻市、北上市等には、50～60キロの位置にあります。つまり遠野は、それらの都市のほぼ中間地点にあるわけです。広大な北上山地のなかでも最大の盆地で、この山地には遠野以外に主要な都市はありません。このことが遠野の地域性を歴史的に特徴づけてきたといえます。

　鉄道や主要道路が未発達の時代には、人々の移動や物流は、その多くを馬に頼っていました。この40キロから60キロという距離は、馬の背に荷物を積んで沿岸部を朝出発し、いくつかの山を越え、夕刻、遠野に着き、馬を替えたり休ませたりして、翌朝、また山を越えて、夕刻、東北道の都市部に至るという行程でした。遠野はちょうど太平洋岸と東北中央部を結ぶ、東西の流通の中間点だったのです。

　遠野では一六市日といわれ、一と六のつく日、月6回の市が開かれ、「人

千人、馬千頭」といわれる賑わいを見せていた交流の拠点でした。遠野盆地に入るには、いずれも深い山地を抜けなければならず、夕刻から夜半にここを旅する人たちが経験したいくつかの体験が、遠野の人、佐々木喜善が語り、柳田国男がまとめた『遠野物語』のなかにも遺されているといわれます。

(2) 遠野市のまちづくり

　海と内陸を結ぶ遠野にはさまざまな物が集まり、人が交流しました。ともすれば閉鎖的になりやすい盆地ですが、遠野は多くのものを受け入れ、変革していく場所といった地域性や価値観をもつところとなったのです。それが現在につながるまちづくりに表われていると思います。

　昭和の市町村合併で8町村が合併した遠野市ですが、旧町村の地域個性を大切にしようと、それぞれに地区センターが置かれ、そこにはセンター長と保健師、公民館主事が配置されています。センター長と保健師は市長部局、公民館主事は教育委員会に所属しますので、地域の現場では行政部門と教育部門が協働して住民の支援にあたるという体制です。市全体でも市長と教育長が共管する市民センター部局があり、市民協働推進や文化振興、スポーツ振興、生涯学習などに取り組んでいます。これも社会教育に力を入れてきた遠野市の基本的な姿勢の表れです。

　また、ともすれば縦割りでバラバラに対応してきた医療と福祉と保健を連携し、全国に先駆けた在宅ケアのモデルとしたり、早くから子ども子育て支援に取り組むために「遠野市わらすっこ（子ども）条例」を制定したりと、社会福祉の分野でも先端を走ってきました。地域経済の振興でも、ユニークな道の駅「風の丘」の運営や、認定NPO法人遠野山・里・暮らしネットワーク（山里ネット）が中心的に関わっている農家民宿や農家レストランでは、農家の女性が中心になって、遠野の暮らしを大切にしながら運営しています。こうした遠野のグリーンツーリズムは東北のみならず

全国のモデルともなり、「わらすっこ事業」による子育て支援も相まって、多くの移住者を受け入れることにもつながっているのです。

（3）東日本大震災と法政大学現代福祉学部のボランティア活動

太平洋沿岸部から40、50キロ内陸の遠野ですが、2011年3月の東日本大震災では、市役所が全壊するなど大きな被害を受けました。実は遠野市では大震災に先立って、2007年度から三陸地域での地震災害に対応する後方支援拠点整備構想を進めていました。三陸沿岸部はこれまでも幾度か大きな津波の被害を受けてきましたが、どんな大きな津波でも遠野には来ない、ならば津波来襲の際には遠野が沿岸部の町を支える後方支援の拠点の役割を果たそうということです。

2008年には自衛隊や岩手県とも共同で、遠野運動公園を拠点とする東北方面隊震災対処訓練「みちのくアラート2008」を実施したのでした。もし災害が発生した時には沿岸部の救援のために、遠野市の運動公園に自衛隊の拠点を設営し、ヘリコプターや車両、物資の集結地とする、実際の演習、訓練を実施していたのです。東日本大震災はまさにそのときの検証結果通りになったといわれています。

遠野市民は自らも被災しながら、市役所はもちろん、市民もNPOを立ち上げ、沿岸部の地震と津波の被災者の支援にあたりました。当初は救援物資の配布や安否確認から始まり、その支援は生業（なりわい）や暮らしの再建など長期にわたりました。

遠野市から数名の学生を受け入れ、ゼミ活動などでも関連のあった法政大学現代福祉学部では、早速、救援金の募金を開始し、2011年4月中旬、私は教授会を代表して遠野市役所を訪れ、本田敏秋市長（当時）に救援金を手渡しました。そのとき、市長からお礼とともに「若い学生たちにこの惨状をぜひ見ておいてもらいたい」との言葉がありました。このことを学部に持ち帰り協議のうえ「遠野市と連携を取りながら、被災地のみなさん

から話を聞き、学ぶと同時に、復興支援のボランティア活動にも参加する"遠野プログラム"」を企画したのです。

　遠野プログラムに応募した60数名の学生たちは、2011年8月上旬、2班に分かれて現地を訪れました。当時は遠野での宿泊施設や移動手段は極端に限られていたので、宿泊については市に手配していただいた市内のコミュニティセンターへ分宿し、多摩キャンパスから遠野まで、遠野から沿岸部被災地への移動などは、大学理事会と交渉して、多摩キャンパスの学内バス1台を提供してもらいました。

　この活動をまとめてくれた院生やリーダーたちには大変な苦労をかけましたが、参加者は自分の眼で災害の状況を確認し、被災者から話を聞き、大きな刺激と学びになったと思います。それ以降、社会人になっても個人的に遠野の人たちと交流している人もいます。この現代福祉学部の活動は、その後、全学ボランティアセンターに受け継がれ、遠野市を拠点にして沿岸部の大槌町、釜石市、陸前高田市などへもうかがう、全学的なボランティア活動に広がりました。

(4) 馬産地・遠野

　東北中央部と沿岸部を結ぶ遠野での馬の重要性に加えて、遠野の冷涼な気候が馬を育てるのに適していたことや、馬を活用しての馬耕や、周囲の森林から木材を搬出する馬搬（地駄引き）が盛んで、それらが大きな生活の糧になっていたことが、遠野が馬産地として栄え、人と馬の存在を近いものにしてきたのでしょう。家屋の南側に突き出た日当たりのいいところを厩（うまや）として、そこで馬を飼い、人と馬が一つ屋根の下に一緒に生活してきたL字型の南部曲り家が、現在でもたくさん残されています。

　毎年9月の遠野祭りでは、遠野郷八幡宮馬場で「遠野南部流鏑馬」が開催され、多くの観客を集めます。これも江戸時代初期に、遠野の藩主が流鏑馬を神社に奉納したことから伝わり、明治期に一度途絶えたものの、戦

後まもなく地元の人たちが流鏑馬保存会を結成し、古式通りに復活したものです。360年前の馬事文化が脈々と現在も受け継がれています。

　日本で現在飼養されている馬は約74,300頭です（2024年）[5]。そのうち大半は軽種馬と呼ばれる競走馬で47,800頭、乗用馬については、最近は明確な統計はなく、乗馬施設等で供用されている乗用馬は13,000頭ほどです。一方、生産面で見れば、競走馬は年間約7,800頭（2024年）で、アメリカの2万頭にははるかに及びませんが、オーストラリアやアイルランドに次ぐ世界有数の生産国です。しかし乗用馬はわずか112頭（2020年）にすぎません。もっとも競走馬を引退した軽種馬も、調教され乗用馬としてたくさん活躍しています。

　こうしたなか、遠野市は1974年から乗用馬の生産と市場を一体として運営している日本で唯一の地域でした。2000年から釧路市でも市場が開かれ、最近では競走馬を引退し、乗用馬に転用された馬の流通拡大を目的とした市場が苫小牧で開かれたりしています。遠野市乗用馬市場は、2023年10月に節目となる第50回の市場が「遠野馬の里」で開かれ、22頭が上場され、19頭が競り落とされ、売上総額は1,923万円、平均価格101万円、最高落札価格は221万円という結果でした。

（5）遠野市と馬事振興

　こうした情勢の中で遠野市は、馬事全般を地域資源と位置づけ、日本を代表する乗用馬生産の確立を目指し「遠野市馬事振興ビジョン」を策定しています[6]。ばんえい競馬を開催している北海道帯広市で、開拓の礎となった馬文化やばんえい競馬の存続のため「馬文化活用地域活性化計画」を策定したり、福島県南相馬市で相馬野馬追をはじめとする馬事文化振興と観光振興に関してイベント開催や馬事関連人材の受け入れ等について総合計画の一部にふれている地域はありますが、馬に関して独自の計画を策定しているのは遠野市だけでしょう。

ビジョンでは、馬関係人口の拡大による馬の活用推進、馬事振興の担い手育成、馬産地遠野の堅持といったことがあげられています。このビジョンの中核となるのが遠野馬の里です。乗用馬の本格生産と国産馬の安定した供給を図るため、日本中央競馬会、岩手県競馬組合、岩手県などの支援を受け、1998年3月に整備されました。市の郊外に広大な敷地を有し、競走馬用の走路、屋根付坂路馬場、厩舎など、乗馬用の覆馬場[*]、角馬場[**]、競技用馬場などを備えたとても立派な施設です。現在では、競走馬育成調教施設の管理、乗用馬・農用馬の繁殖改良と育成調教、乗用馬ふれあい（ホースパーク）事業を柱に運営が行われています。

(6) 馬文化とまちづくり

このような遠野市における馬事振興のビジョンと具体的な取り組みですが、馬の里が関わった馬の生産については、最近では毎年約20頭が生産されているようです。ただ実際に遠野市内に何頭馬がいるかは、伝貧（馬伝染性貧血）検査がなくなったので正確にはわからないそうです。課題は生産者の減少と高齢化で、生産者の半分は76歳以上です。馬の販売による収益も減少傾向なので、馬の安定的な供給を確立し、若い生産者の参入と現在の生産者をいかに守るかが重要です。この状況については多田一彦市長も"危機的な状況"との認識を示しています[7]。

馬とのふれあい事業では、遠野市社会福祉協議会と連携した障がい者乗馬も年に4回開かれていますが、参加者は数名で多くはありません。乗馬クラブの運営も市外からの参加者が多い、といった問題もあるようです。また新型コロナ感染症前には、JR遠野駅を中心に市内を循環する40分コー

---

[*] 覆馬場：屋根付きの馬場で、天候にかかわらず練習ができる環境を提供する。馬の健康やトレーニングの安定性を保つために役立ち、特に雨天時に重宝される施設である。

[**] 角馬場：四角い形をした馬場で、馬術の基礎的なトレーニングに使用される施設である。馬の動きを制御しやすく、基本的な騎乗技術を習得するために利用される。馬と騎手のコミュニケーションを深めるための重要な場である。

スのまちなか馬車運行を土日運行していました。遠野らしく昔ばなしの語り部さんも同乗し、好評だったのですが、曳いていた馬も高齢化し、代わりの馬が手当てできず、新しい馬を調教し街中を運行できるようにするには2、3年かかり、信頼できる馬を買い入れると400万円近くかかるということで、残念ながら現在は休止しています[8]。

　しかし幼児や障がい者などを対象としたホースセラピーは、今後、必要性や可能性は高く、この分野の専門家やインストラクターを、国レベルで育成していくことはきわめて重要な課題です。その全国的な中核地域として遠野は最適といえます。また花巻、釜石間を走るイベント列車のSL銀河を迎えて、遠野では馬がSLと並行して走る取り組みは大変好評で、馬文化の情報発信として大きな役割を果たしました。騎馬警察のように交通安全やさまざまな行事に馬が登場することも、遠野ならではの取り組みとなるでしょう。このようなさまざまな可能性が考えられます。

　遠野らしい取り組みとして、前述の山里ネットが仲介する、市内のドライビングスクールとタイアップした事業があります。このスクールには県外から若い合宿免許取得希望者が年間600人ほど来て、市内で宿泊しながら2週間受講します。受講中は空き時間も多く、その時間を利用した乗馬

遠野市 荒川高原に放牧される馬

体験は人気が高く、希望者は年間100人以上で、馬の里で対応可能な態勢がとれれば、合宿参加者自体も多くなる可能性は高いようです[8]。

　もう一つは馬搬の取り組みです。前述したように遠野では、山中で伐採した木材を、馬の力と山の傾斜を巧みに使って、集積場（土場）まで運び出す馬搬が、昭和の中頃まで盛んでした。しかし現在ではほとんど廃れて、かろうじてこの技術を保持しているのは80代、70代の馬方数名です。そこで今のうちにこの技術を継承しておこうと、チャグチャグ馬コのことで紹介した岩間敬さんら、馬に関わってきた40代、30代の若者数人が、2011年に遠野馬搬振興会を設立し、先輩の馬方から学んできました。この技術を国内各地に伝えたり、フランスやイギリスとも連携しています。これはたんなる昔がえりではなく、人と動物と自然の共存を考えて森林保全をしつつ、現代に受け入れられる新しい技術としての馬搬を再興し、林業を再構築しようとする一つの方策ではないでしょうか。

　市北部の荒川高原は標高700から1,000ｍの冷涼な高原で、毎年5月から10月にかけて、遠野の農家で飼われている馬がここに放牧されます。100頭を超える馬が、幾つかの集団に別れてゆっくりと草を食む姿は、馬産地遠野ならではの光景です。願わくは、農家の庭先に馬がいたり、遠野の子どもたちが小さい頃から馬と身近に触れ合え、乗馬を楽しむことができる、といったことが実現できないものでしょうか。まずは地元の人たちが馬に近い暮らしを楽しむことが、遠野の馬事伝承につながり、訪れた人たちが馬とふれあう機会を増やし、遠野の馬産地としての認知度をあげることになるのでしょう。

引用・参考文献
1）「伝統の『野馬追』開催巡り賛否　福島・相馬地方」日本経済新聞朝刊2011年5月3日
2）千賀裕太郎・石光研二「ドイツの農村計画から学んできたこと―その評価、課題と展望―」（農村計画学会誌 30-2, 2011年9月）
3）公益財団法人日本馬事協会 馬の統計＆資料

4）薗部澄『忘れえぬ戦後の日本』東日本編・西日本編（ぎょうせい、1988年4月、12月）
5）農林水産省畜産局「馬産地をめぐる情勢」（2024年6月）
6）遠野市産業部「第3次遠野市馬事振興ビジョン」（2021年2月）
7）遠野市議会「議会だより 76」（2024年1月）
8）遠野市「遠野馬の里」でのヒアリング（2023年9月21日）

特別寄稿

人馬のウェルビーイングの理念に至る、馬と歩んだ人生

宮木康光

　馬と私の付き合いは、1959年4月に法政大学付属第二高等学校（法政二校）に入学した時から始まりました。高校の合格発表があった日に馬術部への入部を決意し、入学式当日に運動部各部が勧誘活動を行っている中で、私は新入生として馬術部入部第1号となりました。それから現在の80歳に至るまで、馬との長い付き合いが続いています。

　入学手続きやガイダンスが終わった1週間後、放課後に上級生に引率されて馬場に向かいました。私の自宅は東急東横線の代官山で、高校は武蔵小杉、馬場は東急東横線の横浜駅からバスで15分ほどの三ツ沢総合グランドにある横浜乗馬クラブでした。父が若い頃に乗馬クラブで乗っていたこともあり、乗馬ズボン（キュロット）と乗馬用の長靴をつくってもらい、それを持っていきました。当時は既製品がほとんどなく、注文してつくられたため、先輩からはひやかされました。それからは毎日、放課後や日・祝日を問わず馬場に通い詰めました。当初は使用する道具を含め、専門用語が多く、戸惑う日々が続きました。

　この頃の乗馬クラブの指導員は、終戦から13年ほど経った第二次世界大戦の陸軍騎兵隊関係者や軍馬補充部に関わった方々がほとんどであり、基本的には軍隊方式の号令や用語が使われていました。そのため、例えば「分隊進め」「各個に」「順次」「馬身」など、難解な言葉が飛び交い、練習の基本は部班運動でした。号令者が「番号」と言うと、全員が「1、2、3…」と大声で答え、その日はその番号で呼ばれ、返事をすることになります。

　私が入部して初めて乗ったのは、天栄（てんえい）という18歳の老馬でした。馬の

歩き方には常歩、速歩、駈歩がありますが、競馬では全速力の襲歩があります。先輩が調馬策という長い紐で走らないようにコントロールしてくれて、常歩の時は散歩気分でしたが、速歩になると上下左右に大きく揺れて落馬しそうになり、思わず鞍につかまろうとすると、「つかまるな！」と怒鳴られ、必死に頑張りました。約30分間の訓練が終わった後、馬から降りると、汗びっしょりで肩で息をしていました。

5〜6回は個人指導を受けましたが、その後は先輩と隊列を組んで部班運動に参加するようになりました。駈歩ができるようになるまでは途中で外されましたが、1か月後には最後まで部班に加われるようになりました。あらかじめ決められた運動図形を組み込んだ部班運動を行うと、経験の差で明らかに技術的な差が出て怒鳴られました。夏休み頃からは、騎乗者の体幹のバランスをとるために鐙を外しての練習や、さらに障害飛越の基本練習を行うようになりました。落馬する者が増え、自信を失って退部する人もいましたが、私は必死で頑張りました。この頃、馬術以上にうまくなったのは草刈りかもしれません。

2年生になる直前に、荒川米吉先生が1964年の東京オリンピックのヘッドコーチを依頼されたために横浜乗馬クラブを退職されました。そのため、教官不在の横浜乗馬クラブでは会員が激減し、スタッフも少なくなり、私たちの負担が大きくなりました。2年生になり新入生が入る頃には、3年生が時々しか練習に来なくなり、私たちが1年生を指導することになりました。まったく自信がなかったため、とりあえず教えられたように指導し、参考書を探しに神田の古本屋街にも行きました。探し回った結果、やっと見つけたのが『遊佐馬術』（遊佐幸平著、恒星社厚生閣、1998年）でした。これは日本の近代馬場馬術の教本の元祖として名著でしたが、当時の私には何度も読み直しても難解な一冊でした。

この時期に、青山学院大学OGで東京オリンピック馬場馬術を目指していた平木茂子さんが、横浜乗馬クラブの会員でいらっしゃったため、平木

さんのお手伝いを申し出る代わりに指導をお願いしたところ、快諾いただき、それからは新馬調教の基本や、障害馬の再調教を中心に練習する毎日になりました。2年生の秋に、平木さんがパレス乗馬クラブ（東京都港区内）でムテキという馬で試合に出ることとなり、都内に住んでいる私が大会出場のためのお手伝いをすることになりました。

　競技会の前日、東京駅から徒歩10分ほどの皇居の大手門に向かいました。大手門には警護官がいて緊張しましたが、「パレス乗馬クラブに行く」と伝えると、すぐに案内されました。すぐ右側にある側道を進むと馬場が見えてきて、クラブハウス、厩舎、室内馬場がありました。運動が終わったムテキの手入れをし、雑用を済ませてから木造の室内馬場を見学しました。

　中学生か高校生くらいの数人が指導を受けていましたが、教官の指導する声を聞いて、私は大変驚きました。「お嬢さん、上半身をもう少し起こしてください。大変結構です」「お坊ちゃん、手綱をもう少し短くしてください。よくなりましたね」などという教官の言葉に、いつも怒鳴られたままで結果について褒められることがなかった私には、大きなカルチャーショックでした。

　平木さんは、サンジョルジュ（馬場の経路：現在のセントジョージ）に出場し、試合のライバルも東京オリンピックを目指していた方で、パレス乗馬クラブの会員でした。試合前夜には夜中に大雨が降り、馬場は水溜まりだらけで最悪の状態でしたが、平木さんはいつも通りに経路を踏み高得点を取った一方、ライバル選手は雨降りや馬場状態の悪い時には室内馬場で乗っていたため、水溜まりを気にして終始落ち着きがなく、試合では平木さんが勝ちました。そのパレス乗馬クラブは、3年後には閉鎖してしまいました。

　私が3年生になり、競技会に参加することが増えてからは、神奈川県大会などで入賞したり、国体予選の関東ブロックでは東京都に勝ちました。1961年の秋田県国民体育大会では、貸与馬障害高校生団体の部に出場し、

宮木康光、露木勝、仲林洋吾のメンバーで優勝しました。同大会の高校生自馬場馬術で橋本一朗が3位入賞、と大変いい思い出になりました。

高校を卒業後、法政大学経済学部経済学科に入学し、同期の露木勝、奥山寿一と共に馬術部に入部しました。大学の馬術部は東急大井町線の上野毛駅から徒歩10分ほどの多摩川沿いにあるアバロン乗馬学校で6頭の馬を繋養していました。上級生のほとんどは大学から馬術を始めた方々でしたが、3年生の1名だけが法政二校の馬術部の先輩でした。

練習は早朝練習で、部班運動で6頭の馬に17〜18名が乗るため、1人当たり30分ほどしか乗れませんでした。私たちには技術指導がほとんどなく、号令をかけられるだけでした。自分たちで馬を飼育しているため、夏休みや春休みの期間は交代でアルバイトをし、馬の餌代を稼いでいました。1年生の時はトラックの助手、2年生の時はアバロン乗馬学校の真上を通る第3京浜の夜間作業員をしました。この時期は馬術のはっきりした目標がなく、忸怩たる思いを抱えていた時期でもありましたが、東京オリンピックで海外の人馬を日本で見る機会があると知り、オリンピックへの期待が大きく膨らみました。

同じ頃、ニュージーランドから監督、コーチ、選手2名と馬のラロ、スネーフェルの2頭が招待されて日本に来ました。東京オリンピックを控えた時期に海外の選手を招聘して、日本の選手の参考にするというのが日本乗馬連盟の目的でした。ラロは障害前で体を沈めてショートステップで踏切を合わせる飛び方をし、スネーフェルはオーソドックスな走行をしました。この2頭は日本で予定していたオリンピック候補馬と対戦しましたが、日本の馬はまったく歯が立ちませんでした。

ニュージーランドの国策で「一度海外に出国した家畜は帰国できない」というため、日本で買い取り、オリンピック候補馬としました。ニュージーランドのみなさんの帰国パーティの際、ニュージーランドの監督と話をしましたが、「この馬たちは、ニュージーランドでトップクラスの馬ではな

いから、東京オリンピックは無理だろう」と話しており、その通りになりました。

　2年生の末に、オリンピック組織委員会から「東京オリンピックの近代五種競技の馬術部門の馬を日本で用意することになったので手伝いが必要だ」と言われ、何をするのかもわからずに委員会に行きました。「全国の引退競走馬を120数頭八王子市内の元競馬場に集めているが、3月末に埼玉県の朝霞陸上自衛隊に移動して調教を始めるので準備するように」と言われました。朝霞の試合会場予定地には、すでに本番の走行経路ができていて、上り下りの変化に富んだ野外コースと、めずらしい障害物がおかれていました。

　3年生になった4月からは本格的に調教が始まりました。教官は星子友宏先生で、他にも数名の助手がいましたが、助手の方々はあまり業務が続かず去っていきました。騎乗要員は、関東学生馬術部員選抜と近代五種選考会にもれた選手の7～8名でした。厩務員が50数名はいましたから、我々騎乗要員は乗るだけでした。この合宿で私は、初めて馬に乗るときにヘルメットをかぶりました。それまでは馬場馬術、障害飛越、野外走行のいずれも学生帽でよかったのですが、海外では障害飛越には安全第一の観点からヘルメット着用が義務づけられていました。当時の日本には乗馬用のヘルメットがなかったので、工事現場でかぶる黄色い顎紐の付いた物を毎日かぶっていました。

　私は2頭の馬を任され、一生懸命に乗っていましたが、他の騎乗要員はすぐに落馬してケガをしたり、体調を崩していなくなる者が出たので、彼らがいなくなった分、私の担当馬が増えました。「自分の思ったように乗ってよい」と教官から言われ、夢中になって毎日毎日乗りました。そのうちに調教が遅れている馬が出て、私の担当馬の調子のよい馬と交換されましたが、「私が認められた結果だ」と思い、調教の励みにしました。

　不整地走行と飛越回数が増えると、日に日に馬がたくましくなり、本番

を迎えるのが楽しみでした。東京オリンピックの本番1か月前に全コースを走行するリハーサルが行われ、約100頭が試合出場の選考基準をクリアし、約80頭が本番出場馬となり、予備馬に5頭が選ばれました。私の担当した馬は全頭出られることになり、とても感激しました。

　この馬たちはオリンピック終了後、各県馬術連盟や全国学生馬術連盟などの団体に払い下げられ、全国各地でのブロック大会、オリンピック翌年以降に開催された国民体育大会や全国学生馬術連盟の大会で活躍し、国内での競技レベルが格段に上がりました。

　調教要員ではありましたが、東京オリンピックの馬場馬術の試合を何としても見たくて、たびたび馬場馬術と障害練習を見学しました。しかし、世界各国の選手とのレベルの差に愕然としました。馬場馬術の馬はバレリーナのように高く足を上げて歩いてみせたり、体操選手のように大きな歩幅で動くのですが、騎乗している選手は何もしていないように見えるのです。しかしながら、人と馬との一体感は一瞬も崩れることがなく、まるで別世界を見るようでした。

　障害競技では桁違いの飛越能力差を見せられました。ゆったりした駈歩から170〜180cmの高さを軽々と飛越した後、すぐに落ち着いた走行をしていましたし、時には2メートルの高さの障害を飛んでいました。大障害（障害の高さが160cm以上）は閉会式の直前にメインアリーナで行われましたが、日本勢は惨敗という結果に終わり、大きな宿題を課せられました。馬場も総合競技もまったく歯が立たず、残念な結果でした。

　競馬や乗馬はブラッドスポーツと呼ばれ、競馬では速い馬を種馬にして速い馬を生産し続け、競走馬の能力を高めています。海外の乗馬馬も優れた馬場馬を種馬にして生産し、これを代々繰り返して能力を高めています。障害馬も同様ですが、日本では競馬を引退した競走馬を活用しますから、当然、基本能力が違います。この環境の差には忸怩たる思いがありますが、私はむしろ個性豊かな引退競走馬が面白いと思っています。

大学4年の時に近代五種に出場したトッププレートが払い下げ馬として来て、大変活躍しました。しかし、翌々年にアバロン乗馬学校の都合で、法政大学の馬術部が他所に移ることになり、それからは多摩乗馬、立教大学の馬場、馬事公苑、法政大学の石岡の合宿所、多摩キャンパス建設予定地の仮住まい、またアバロン乗馬を経るというジプシーのような生活を経て、ようやく1990年に現在の厩舎に安住の住まいを得ました。

　その間ずっと馬を守りながら、苦しい部活動を継続してくれたみなさんには感謝しています。私は学生と連絡を取りつつ、東京都馬術連盟で審判や国体監督を10数年務め、微力ながらできる限りの援助をしました。この時期、東京都馬術連盟では「馬場馬術の競技参加者が減少していることが問題だ」と後藤博志会長から問題改善を指名され、2年間の猶予をいただいてオーストラリアの国際審判講習会に参加し、講習を2回受けました。

　これを基に、東京都馬術連盟で数回の講習会を開き、成果を出した人から実際に審判をしてもらうこととしました。同じ競技を審判した3名または5名が、競技の採点結果が出てからお互いに反省と主張を話し合うように指導しました。その結果、審判員に対する選手からの信頼が厚くなり、審判員数が増え、地方から審判の勉強に来る人が増えました。

　その後、日本馬術連盟馬場馬術本部長の長島修二氏からの誘いがあり、同副本部長として加わることとなりました。東京都馬術連盟で携わっていた審判育成、講習会を全国規模に展開していくことが私の使命でしたが、私はさらに全日本馬場馬術に引退競走馬を調教した馬場馬術の全国大会を企画し、理事会の承認を得たので、引退競走馬と国内生産馬の全日本馬場馬術 Part Ⅱ を新たに開催しました。

　また、自分のスキルを向上させるためにC級コーチ（現在のスポーツコーチ）を取得し、東京消防庁の救急救命指導員の資格を取得しました。この時期にオーストラリアから貸与馬による馬場馬術大会への招待があり、4回ほど2名の選手と参加しました。その際、何度か障がい者乗馬団体を見

学する機会があり、使用している馬の中には、以前は国際競技に出ていたが歳をとって寄付された馬がいると聞いて驚きました。これに触発され、帰国後に障がい者スポーツ指導員中級資格を取得しました。

2010年にアメリカのケンタッキー州で行われた世界選手権に監督として選手3名と参加しました。さすがに有名な馬産地だけあって、町中の至る所に馬関係のモニュメントが当たり前のようにたくさんありました。私は世界的な一流選手が試合の始まる前の練習を2週間、毎日広い競技場から練習馬場を1日2万歩以上歩き、見て回りました。会場は2万人が入る大きなスタジアムでしたが、さらに仮設の席を加えて5万人が入れる大きなものが用意されていました。試合に出場した日本選手陣はよく頑張りましたが、残念な結果に終わりました。

私は公認競技審判を75歳でリタイアし、現在は非公認の審判と技術指導を中心に活動しています。法政大学の馬場には毎日のように通っていますが、学生が主体となる活動のサポート役となり、事故のない活動を送れるよう努めています。「馬の調教をどうすればいいのか」と学生からはよく聞かれますが、「馬と人とのボディーランゲージをすることだ」と伝えています。「始めは簡単な言葉で馬に伝え、それを組み合わせて徐々に難しい言葉にする」と学生に説明すると、興味をもってくれ、次々と話がつながります。

学生時代には、真夏の炎天下で汗まみれになって草刈りをして、その草をモリモリ食べている馬を見るのが大好きで癒されました。これからも多くの馬たちと学生たちと出会い、また新たな展開が生まれることを楽しみにしています。

おわりに

　2022年に法政大学体育会馬術部は創立100周年を迎えました。この記念すべき節目を機に、これまで実践してきた「人馬のウェルビーイング」の理念を改めて整理し、発行することができました。本書で取り上げた諸活動を一層発展させることを目指しております。

　末筆ながら、法政大学体育会馬術部の歴代OB・OGのみなさま、法政大学の学生・教職員のみなさま、JRA日本中央競馬会をはじめとする競馬・乗馬業界の関係者のみなさま、その他多大なるご支援を賜りましたすべての方々に、心より深謝申し上げます。

　また、創立100周年以降も「人馬のウェルビーイング」の活動を継続的に推進している以下の法政大学体育会馬術部員のみなさま（敬称略）に、改めて深甚なる感謝の意を表します。

第100代部員
武内慶太（主将）、小林姫音、柴田祐紀、山畠未早希

第101代部員
加藤優那（主将）、稲生瞳、斉藤孝典、福田美月、真弓華歩

第102代部員
松本東馬（主将）、鈴木結楽、高階拓真

第103代部員
和田林莉子（主将）、稲村貴輝、大塚渉平

第104代部員
金子和津音、小林夏子、小松祐輝、長谷穂乃佳

第105代部員
伊澤心春、久保結萌乃、郡山祥多、行方花、師山明衣、吉野桜季

2024年12月20日
　　　法政大学「人馬のウェルビーイング研究所」を代表して
　　　　　高見京太・佐野竜平・柏村晋史・深野　聡

法政大学体育会馬術部　創立100周年記念祝賀会

編者

高見京太（たかみ　きょうた）
　法政大学スポーツ健康学部 教授・法政大学体育会馬術部 部長

佐野竜平（さの　りゅうへい）
　法政大学現代福祉学部 教授・法政大学SDGs＋推進特設部会 座長

執筆者一覧（50音順）

荒川昌久　JRA日本中央競馬会（2004年 社会学部卒）
岡﨑昌之　法政大学現代福祉学部 名誉教授
柏村晋史　法政大学体育会馬術部 監督（2008年 社会学部卒）
佐野竜平　法政大学現代福祉学部 教授・法政大学SDGs＋推進特設部会 座長
鈴木結楽　法政大学体育会馬術部 第102代副主将（経済学部4年生）
高見京太　法政大学スポーツ健康学部 教授・法政大学体育会馬術部 部長
深野　聡　法政大学現代福祉学部 兼任講師
渕上真帆　目白大学保健医療学部 助教
松本東馬　法政大学体育会馬術部 第102代主将（現代福祉学部4年生、佐野ゼミ6期生）
宮木康光　法政大学体育会馬術部 総監督（1966年 経済学部卒）
村上　昌　愛媛県職員（2024年 現代福祉学部卒、佐野ゼミ5期生）

人馬のウェルビーイング

2025年1月31日　初版発行

編　者●ⓒ高見京太・佐野竜平
発行者●田島英二
発行所●株式会社 クリエイツかもがわ
　　　　〒601-8382 京都市南区吉祥院石原上川原町21
　　　　電話 075(661)5741　FAX 075(693)6605
　　　　https://www.creates-k.co.jp
　　　　郵便振替　00990-7-150584

デザイン●菅田　亮
印 刷 所●モリモト印刷株式会社
ISBN978-4-86342-382-4　C0036　printed in japan

本書の内容の一部あるいは全部を無断で複写（コピー）・複製することは、
特定の場合を除き、著作者・出版社の権利の侵害になります。

■ 好評既刊本

循環型人材確保・育成とベトナムとの国際協力
鈴木清覚・佐野竜平／編著

人材確保に苦慮している福祉現場の挑戦。これまでの一方通行の外国人材確保・育成ではなく、共生社会の一員として位置づけた取り組み。ベトナムの大学・社会的企業とのパートナーシップに基づき、人材の成長や未来まで考慮するビジョンで「循環型人材育成」モデルを構築する実践から、真の外国人労働者との協働を展望する。　　　　　　　　　2000円

発達障害児者の"働く"を支える 保護者・専門家によるライフ・キャリア支援
松為信雄／監修　宇野京子／編著

ウェルビーイングな「生き方」って？　生きづらさを抱える人たちが、よりよい人生を歩むための「働く」を考える。「見通し」をもって、ライフキャリアを描けるように、ジョブコーチやキャリアカウンセラー、研究者や教員、作業療法士、保護者・当事者などさまざまな立場の執筆陣が、事例や経験、生き方や想いを具体的に記す。　　　　　　　　　2420円

居場所づくりから始める、ごちゃまぜで社会課題を解決するための不完全な挑戦の事例集
濱野将行／編著　高橋智美・上田　潤・萩原涼平・橋本康太／著

高齢者・不登校……。社会の孤立・孤独に居場所づくりで挑戦する若者。何がきっかけで始めたのか、一歩目はどう踏み出したのか。どんな事業をおこない収益はどうなっているのか……。答えがまだない挑戦の「はじめの一歩」事例集。　　　　　　　　　1980円

ごちゃまぜで社会は変えられる　地域づくりとビジネスの話
一般社団法人えんがお代表　濱野将行／著　

作業療法士が全世代が活躍するごちゃまぜのまちをビジネスにしていく物語。地域サロン、コワーキングスペース、シェアハウス、地域食堂、グループホーム。徒歩2分圏内に6軒の空き家を活用して挑んだ、全世代が活躍する街をビジネスで作る話。　1980円

私が私として、私らしく生きる、暮らす
知的・精神障がい者シェアハウス「アイリブとちぎ」　河合明子・日髙愛／編著　

栃木県のごくごく普通の住宅街にある空き家を活用したシェアハウス。元キャリアコンサルタントと作業療法士の異色コンビがお金を使わず知恵を使う、誰もが使いやすい環境整備、対話のある暮らしやポジティブフィードバック……。障害をかかえた彼女・彼らが主人公で、あたり前に地域で暮らすためのヒントが満載。　　　　　　　　　2200円

ヤングでは終わらないヤングケアラー
きょうだいヤングケアラーのライフステージと葛藤　仲田海人・木村諭志／編著　

閉じられそうな未来を拓く──ヤングケアラー経験者で作業療法士、看護師になった立場から作業療法や環境調整、メンタルヘルスの視点、看護や精神分析、家族支援の視点を踏まえつつ、ヤングケアラーの現状とこれからについて分析・支援方策を提言する。　2200円

子ども・若者ケアラーの声からはじまる
ヤングケアラー支援の課題
斎藤真緒・濱島淑恵・松本理沙・公益財団法人京都市ユースサービス協会／編

事例検討会で明らかになった当事者の声。子ども・若者ケアラーによる生きた経験の多様性、その価値と困難とは何か。必要な情報やサポートを確実に得られる社会への転換を、現状と課題、実態調査から研究者、支援者らとともに考察する。　　　　　　　　　2200円

https://www.creates-k.co.jp/

■ 好評既刊本

すべての小中学校に「学校作業療法室」
飛騨市の挑戦が未来を照らす
塩津裕康／監修　大嶋伸雄・都竹淳也・都竹信也・青木陽子・山口清明・奥津光佳／編著

日本初!!　心と身体と社会をつなぐ専門家・作業療法士が常駐―教員の負担を減らしながら発達の悩みに寄り添う学びで「できる」を増やす。少子高齢化・過疎化が著しい小さな自治体の先駆的挑戦！誰も取りこぼさないHIDA-MODEL。　　　　　2200円

子どもと作戦会議 CO-OP アプローチ™ 入門
塩津裕康／著
3刷

子どもの「したい！」からはじめよう――CO-OP（コアップ）とは、自分で目標を選び、解決法を発見し、スキル習得を実現する、子どもを中心とした問題解決アプローチ。子どもにとって大切なことを、子どもの世界で実現できるような取り組みで、「できた」をかなえる。カナダで開発されたアプローチを日本で初めて紹介！　　　　　2420円

こどもと家族が人生を描く 発達の地図
山口清明・北島静香・特定非営利活動法人はびりす／著
2刷

理想的な家族像にとらわれた家族の悩みはつきない。発達段階ごとの問題が次々とやってくる。多くの発達相談を受けてきた作業療法士がつくりあげた『発達の地図』。3つの道具と9つの質問で自分と対話し、1枚の「地図」を描くだけで、こどもと家族の未来は希望に輝く！　　　　　2970円

みんなでつなぐ読み書き支援プログラム
フローチャートで分析、子どもに応じたオーダーメイドの支援
井川典克／監修　高畑脩平、奥津光佳、萩原広道、特定非営利活動法人はびりす／編著
7刷

くり返し学習、点つなぎ、なぞり書きでいいの？　一人ひとりの支援とは？　読み書きの難しさをアセスメントし、子どもの強みを活かすオーダーメイドのプログラム。教育現場での学習支援を想定、理論を体系化、支援・指導につながる工夫が満載。　　　　　2420円

運動の不器用さがある子どもへのアプローチ
作業療法士が考えるDCD（発達性協調運動症）
東恩納拓也／著
3刷

運動の苦手な子どもたちがもっと楽しく生活できるように。運動の不器用さがあることは、障害や問題ではありません。DCD（発達性協調運動症）の基本的な知識から不器用さの捉え方、アプローチの流れとポイント、個別と集団の実践事例。　　　　　2200円

当事者主動サービスで学ぶピアサポート
飯野雄治・ピアスタッフネットワーク／訳・編

アメリカ合衆国の厚生労働省・精神障害部局（SAMHA）が作成したプログラムを日本の制度や現状に沿うよう加筆・編集。6つの領域で学ぶピアサポートプログラムのバイブル。障害福祉サービス、当事者や家族会をはじめとした、支える活動すべての運営に活用できる。　　　　　3300円

あたし研究　　自閉症スペクトラム～小道モコの場合　1980円
あたし研究 2　自閉症スペクトラム～小道モコの場合　2200円

自閉症スペクトラムの当事者が「ありのままにその人らしく生きられる」社会を願って語りだす―知れば知るほど私の世界はおもしろいし、理解と工夫ヒトツでのびのびと自分らしく歩いていける！

https://www.creates-k.co.jp/